Andrea Erkert

Das Sandkastenspiele-Buch

Spielen, buddeln, matschen und bauen
mit den Kleinsten von 1–5 Jahren

mit Illustrationen von
Anne Wöstheinrich

Ökotopia Verlag Münster

Impressum

Autorin   Andrea Erkert

Illustratorin Anne Wöstheinrich

Satz   art-applied, Mediengestaltung Hennes Wegmann

ISBN   978-3-86702-208-8

1. Auflage
© 2013 Ökotopia Verlag, Münster

Inhalt

Einleitung

Kinder im Krippen- und Kindergartenalter spielen überaus gerne im Sandkasten, der nicht nur in der warmen Jahreszeit jede Menge Spielspaß und Lernerfahrungen bietet. Mit der richtigen Kleidung, die warm und wasserabweisend ist und nicht zuletzt schmutzig werden darf, bereitet das Spielen und Verweilen im Sandkasten bei nahezu jedem Wetter besonders viel Freude. Die Kinder atmen unter freiem Himmel die frische Luft ein, hören den Gesang der Vögel, spüren den Wind auf der Haut … Sie genießen den spielerischen Umgang mit dem weichen Sand, der die Sinne verwöhnt, bereits bei den Kleinsten auf großes Interesse stößt und die kindliche Neugierde weckt. Beim Spielen mit dem vielseitig verwendbaren Naturmaterial ergeben sich beinahe wie von selbst jede Menge schöne Spielideen, die interessant und faszinierend zugleich sind. So werden z. B. mit großer Hingabe und Konzentration alleine, zu zweit oder gar mit mehreren Kindern u. a. Sandburgen gebaut, Löcher in den Sand gebohrt, kleine Kostbarkeiten im Sand vergraben oder gar einzigartige Sandbilder gestaltet, die von den Kindern meist auch in den darauffolgenden Tagen noch bewundert werden können.

Neben dem enormen Spaßfaktor wirkt sich das Spielen mit Sand positiv auf die Entwicklung der Kinder aus. Es ist eine basale Sinneserfahrung, die Kinder insbesondere zum Aufbau ihres Körperschemas brauchen. Aus diesem Grund sollten sie möglichst oft barfuß im Sandkasten laufen, toben und spielen und somit im wahrsten Sinne des Wortes in den Sand eintauchen.

Für eine gezielte Förderung eignen sich hervorragend angeleitete Spiele und andere Angebote insbesondere mit verschiedenen Naturmaterialien, zu denen natürlich auch der Sand zählt. Damit jedoch alle Kinder motiviert und begeistert mitmachen, müssen die Spielangebote im Sandkasten entsprechend dem Alter und Entwicklungsstand, den Interessen und Bedürfnissen der einzelnen Kinder ausgesucht werden. Bei der Auswahl der Praxisideen spielt das Platzangebot im Sandkasten ebenfalls eine zentrale Rolle. Umso größer der Sandkasten ist, desto mehr Kinder können mitspielen. Dennoch ist bei jüngeren Kindern stets darauf zu achten, dass die Gruppe nicht allzu groß ist und somit für jedes Kind überschaubar bleibt.

In dem vorliegenden Buch gibt es insgesamt sechs Kapitel, die allesamt einen kurzen Einführungstext und passend dazu jede Menge Spielideen und andere Angebote rund um den Sand im trockenen oder gar feuchten Zustand enthalten. Die Praxisideen können individuell nach den Bedürfnissen und Interessen der Kinder ausgewählt, verändert und erweitert werden. Sie wurden speziell für den Sandkasten im Außenbereich geschrieben. Trotzdem bietet sich so manche Idee insbesondere für die im Handel angebotenen Sand- und Wassertische an, die in so mancher Einrichtung bereits zu einem festen Bestandteil der pädagogischen Arbeit gehören. Manchmal genügt auch eine wesentlich kleinere vielseitig einsetzbare Sandwanne, die sich nicht nur für Sandspiele, sondern auch zum Experimentieren und Sortieren von verschiedenen Materialien anbietet.

Für eine schnelle Auswahl findet man vor jeder Praxisidee eine empfohlene Altersangabe und falls nötig die dazugehörigen Materialien, die zum größten Teil aus der freien Natur stammen. Auf alle Fälle werden handelsübliche Sandspielsachen, die sich für kleinere und größere Sandkästen eignen, benötigt.

Das **erste Kapitel** beschäftigt sich mit **Rhythmus und Gesang**. Die Kinder lernen Reime, aber auch altbekannte Kinderlieder wie „Backe, backe Kuchen" kennen, bei denen sie direkt mit dem Sand in Berührung und selbst in Bewegung kommen, Körpereinsatz zeigen und ein gutes Rhythmusgefühl entwickeln. Dadurch, dass die Reime und Lieder mit einfachen Handlungen im Sandkasten verknüpft sind, lernen die Kinder u. a. die Bedeutung von Wörtern kennen, sodass die sprachliche Kompetenz gefördert wird.

Im **zweiten Kapitel** geht es in erster Linie um die **Wahrnehmung**. Die Kinder werden zum Tasten und Empfinden, Beobachten, Staunen, Lauschen und Erahnen eingeladen. Im spielerischen Umgang mit dem vielseitig verwendbaren Sand, der im trockenen oder feuchten Zustand unterschiedliche Empfindungen hervorruft, schärfen sie ihre Sinne. Durch die Spiele und andere Angebote zur Wahrnehmungsförderung lernen sie ohne großes Zutun die Sandeigenschaften bewusst kennen, benennen und voneinander unterscheiden.

Im **dritten Kapitel** stehen die **Kreativität und Fantasie** im Vordergrund. Die Kinder lernen den Sand sowohl im trockenen als auch feuchten Zustand künstlerisch für sich zu entdecken, kreativ und fantasievoll zu nutzen. Mit einfachen Materialien oder gar ohne irgendwelche Hilfsmittel entstehen wunderschöne Kunstwerke und Bilder aus Sand, welche die kleinen KünstlerInnen stolz und selbstbewusst den anderen Kindern gerne präsentieren.

Im **vierten Kapitel** kommen die Kinder so richtig in **Bewegung**. Im Sandkasten werden u. a. Lauf- und Fangspiele durchgeführt, die jede Menge Spielspaß bereiten. Allein schon der weiche, nachgiebige

Sand stellt für so manches Kind, das schnell im Sandkasten unterwegs ist, eine große Herausforderung dar. Zudem gibt es jede Menge Spiele zum Hüpfen, Krabbeln, Rollen ..., bei denen die Kinder vor allem ihre Motorik verbessern.

Das **fünfte Kapitel** enthält Praxisideen zum **Entdecken und Forschen**. Die Kinder buddeln mit großem Eifer im Sand, suchen voller Freude kleine Kostbarkeiten und sind gespannt, was passiert, wenn sie Wasser mit trockenem Sand z. B. im Verhältnis 1:1 oder 1:2 mischen. Derartige Praxisideen wecken die Neugierde und das Interesse der kleinen SchatzsucherInnen und ForscherInnen und animieren zum Mitmachen.

Im **sechsten Kapitel** sind Spiele und andere Angebote rund um das **räumliche Gestalten** enthalten. Indem sie entweder nach einer Vorgabe oder frei nach ihrer Fantasie einfache Bauwerke aus Sand herstellen, lernen die Kinder den dreidimensionalen Raum (Länge – Breite – Höhe) erfassen, aber auch statische Gesetzmäßigkeiten und geometrische Formen kennen.

Und nun wünsche ich Groß und Klein jede Menge Spielspaß im Sandkasten

Andrea Erkert

Backe, backe Sandkuchen

Sprechverse und Kinderlieder
zum Mitmachen im Sandkasten

Im Sandkasten können Sprechverse und Kinderlieder neu entdeckt und ideenreich erlebt werden. Denn der Sand bietet jede Menge Möglichkeiten, um einfache Sprechverse, die sich reimen, aber auch altbekannte Kinderlieder wie „Backe, backe Kuchen" oder „Alle meine Entchen" spannend und interessant zu begleiten. Wer die Kinder beobachtet, erkennt rasch, dass sie viel Spaß daran haben, im Sandkasten aktiv zu sein und dabei so ganz nebenbei ihre eigene Sprech- und Singstimme zu erleben.

Im folgenden Kapitel steht das Musik-Erleben in Kombination mit entsprechenden Sandaktionen im Vordergrund. Die aufgeführten Kinderlieder und originellen Sprechverse animieren alle Kinder zum Mitmachen, wecken das Interesse und die Aufmerksamkeit jedes einzelnen Kindes. Dabei wirken sich sowohl das Musik-Erleben als auch die Sandaktionen positiv auf die Entwicklung der Kinder aus. Spielerisch und ohne großes Zutun werden Rhythmus, Bewegung, Improvisation, Sprach- und Sprechvermögen gefördert. Zu alldem helfen sie so manche Angst abzubauen und das Selbstvertrauen jedes einzelnen Kindes zu stärken.

Hopp, hopp in den Sumpf!

Aufgepasst! Hier plumpst das Kind gleich voller Freude in einen richtigen „Sumpf"! Aus diesem Grund sollten die Kinder wasserdichte Kleidung (z. B. Buddelhose oder falls es draußen schön warm ist Badesachen) tragen.

Alter: ab 1 Jahr
Material: 1 Schaufel, 1 Gießkanne, Wasser
Lied: Hoppe, hoppe Reiter (altbekannter Kniereitervers, Volkslied um 1800)
Vorbereitung: Die Spielleitung macht eine kleine Mulde direkt vor ihren Füßen und gießt ausreichend Wasser hinein, sodass ein kleiner „Sumpf" entsteht.

Die Spielleitung setzt sich und stellt ihre Füße links und rechts neben der Mulde auf dem Sand ab. Ein Kind setzt sich auf ihren Schoß, sodass sich beide in die Augen blicken können.
Miteinander sagen oder singen alle laut:

> Hoppe, hoppe Reiter,
> wenn er fällt, dann schreit er.
> Fällt er in den Graben,
> fressen ihn die Raben.
> Fällt er in den Sumpf,
> macht der Reiter: „Plumps!"

Bei „Plumps" lässt die Spielleitung das Kind zwischen ihren Knien direkt in die mit Wasser gefüllte Mulde gleiten.

Wo sind die Hände?

Alter: ab 1 Jahr

Die Spielleitung bildet gemeinsam mit den Kindern einen Sitzkreis im Sandkasten. Alle schieben ihre Hände direkt vor sich unter den weichen Sand. Sind alle Hände verschwunden, ruft die Spielleitung laut:

> *Unsere Hände sind weg!*
> *Suchen hat jetzt kein' Zweck!*
> *Wo ist nur meine Hand?*
> *Bestimmt hier im weichen Sand!*

Daraufhin heben alle Kinder ihre Arme ruckartig nach oben und rufen begeistert:

> *Juhe, unsere Hände sind wieder da!*

Auf die gleiche Art erfolgt eine weitere Spielrunde, bei der die Spielleitung und die Kinder z. B. beide Unterarme im Sand vergraben.

Beispiele
- „Meine **Finger** sind weg!"
  (Fingerspitzen in den Sand tauchen)
- „Meine **Arme** sind weg!"
  (Unterarme in den Sand drücken)
- „Meine **Füße** sind weg!"
  (Füße im Sand vergraben)

1, 2, 3 – wer hüpft denn da?

Alter: ab 1,5 Jahren

Alle Kinder setzen sich gut verteilt auf den Sandkastenrand. Ein Kind hüpft im Sandkasten herum, die übrigen Kinder skandieren laut:

> *1, 2, 3 – wer hüpft da im Sand?*
> *1, 2, 3 – wer gibt dir die Hand?*

Kaum ist der letzte Satz beendet, sucht das Kind sich in der Runde ein Kind und gibt ihm die Hand. Beide Kinder begrüßen sich gegenseitig.
Weiß das ausgewählte Kind auch, wie das vor ihm stehende Kind heißt?
Unabhängig davon darf in der nächsten Spielrunde ein anderes Kind im Sandkasten herumhüpfen.

der den See darstellt. Dabei singen sie noch einmal das Lied.

Entenspuren

Das folgende Spiel sollte an einem schönen warmen Sommertag stattfinden, da die Kinder nach Möglichkeit barfuß laufen sollten.

Alter: ab 1,5 Jahren
Material: evtl. 1 Gießkanne, Wasser
Lied: Alle meine Entchen (S. 10)
Vorbereitung: Die Kinder sind bis auf die Windel (bzw. Badekleidung) ausgezogen. Damit der Sand feucht und matschig wird, gießt die Spielleitung – ggf. mit Unterstützung der Kinder – ein paar Kannen Wasser gleichmäßig über den Sand und stellt eine gefüllte Gießkanne bereit.

Im Sandkasten singen alle Kinder das Lied „Alle meine Entchen" und watscheln dabei im Takt der Melodie wie kleine Enten hinter der Entenmutter (Spielleitung) her. Ist das Lied beendet, schwimmen bzw. gehen alle Enten an Land bzw. in Richtung Sandkastenrand, um von dort aus ihre Sandspuren im Sandkasten zu betrachten.

Sandkasten-Enten-Tanz

Alter: ab 1,5 Jahren
Lied: Alle meine Entchen (Volkslied, Verfasser nicht überliefert)

Nach Möglichkeit ziehen die Spielleitung und die Kinder ihre Schuhe und Strümpfe aus. Sie setzen sich auf den Sandkastenrand und stellen ihre Füße auf den weichen Sand. Miteinander singen nun alle das bekannte Kinderlied:

> *Alle meine Entchen*
> *schwimmen auf dem See,*
> *schwimmen auf dem See.*
> *Köpfchen in das Wasser,*
> *Schwänzchen in die Höh'.*

Die Kinder stampfen dabei im Takt zur Melodie auf den Boden.

Variante für Kinder ab 2,5 Jahren
Die Kinder stellen sich auf dem Sandkastenrand direkt hinter die Spielleitung. Miteinander singen sie das Lied und gehen im Entengang im Takt zur Melodie hinter der Spielleitung her. Am Ende schwimmen alle Enten bzw. gehen alle Kinder vergnügt im Sandkasten herum,

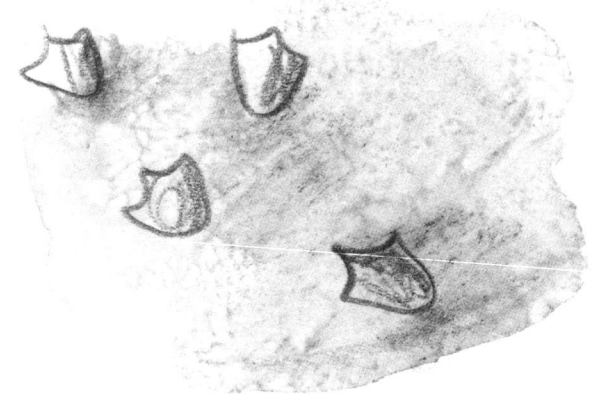

Häschen hüpf zu mir!

Alter: ab 2 Jahren
Material: pro Kind 1 Schaufel
Lied: Häschen in der Grube (altbekanntes Kinder- und Spiellied, Text von Friedrich Fröbel aus dem Jahr 1840)

Die Spielleitung buddelt mit den Kindern eine Kuhle im Sandkasten. Ein Kind hockt sich hinein und spielt das Häschen. Alle anderen bilden einen Kreis um die Mulde herum und singen gemeinsam das Lied:

Häschen in der Grube
saß und schlief, saß und schlief.
Armes Häschen bist du krank,
dass du nicht mehr hüpfen kannst?
Häschen hüpf, Häschen hüpf!

Während nun die Kinder im Takt zur Melodie Hand in Hand im Uhrzeigersinn um die Grube herumgehen, tut das Hasenkind darin so, als ob es schlafen würde. Kaum ist das Lied beendet, springt das Hasenkind aus der Grube heraus und hüpft zu einem Kind im Kreis, um mit ihm den Platz zu tauschen.
Eine neue Spielrunde beginnt, sobald das neue Hasenkind in der Mulde hockt.

Hinweis: Spielen viele Kinder mit, können auch zwei bis drei Hasenkinder gleichzeitig in einer Mulde sitzen. Auf diese Weise müssen die Kinder im Kreis nicht so lange warten, bis sie auch einmal ein Häschen spielen dürfen.

Sandkuchen backen

Alter: ab 2 Jahren
Material: 1 Sandform
Lied: Backe, backe Kuchen (Kinderlied-Klassiker, der vermutlich aus Sachsen oder Thüringen stammt)

Die Kinder sitzen im Sandkasten um eine Sandform herum und sagen oder singen gemeinsam das folgende Lied:

> *Backe, backe Kuchen*
> *der Bäcker hat gerufen.*
> *Wer will guten Kuchen backen,*
> *der muss haben sieben Sachen:*
> *Eier und Schmalz,*
> *Butter und Salz,*
> *Milch und Mehl,*
> *Safran macht den Kuchen gehl!*

Erfolgt die Aufzählung der Zutaten, dürfen die Kinder der Reihe nach eine Handvoll Sand in das Förmchen geben. Das Kind, das nach der letzten Liedzeile an der Reihe ist, darf den Sandkuchen alleine oder mithilfe der Spielleitung auf den Sandkastenrand stürzen.
Die Kinder wiederholen das Spiel mehrmals.

Wer will guten Kuchen backen?

Alter: ab 2 Jahren
Material: 4–6 Sandformen, evtl. pro Kind 1 Sandform
Lied: Backe, backe Kuchen

Die Kinder legen ein paar Sandformen nah beisammen in den Sandkasten und bilden darum herum einen Sitzkreis. Alle singen zusammen die ersten drei Zeilen des bekannten Kinderliedes „Backe, backe, Kuchen!":

> *Backe, backe Kuchen,*
> *der Bäcker hat gerufen.*
> *Wer will guten Kuchen backen?*

Zu jeder Silbe deutet die Spielleitung ringsherum im Uhrzeigersinn auf die einzelnen Kinder. Dasjenige Kind, auf das sie zuletzt zeigt, darf sich ein Förmchen auswählen und mit Sand füllen. Auf dem Sandkastenrand backt es seinen Sandkuchen. Es legt die Sandform wieder auf seinen Platz und beginnt mit den übrigen Kindern eine neue Spielrunde. Erst wenn alle Kinder wenigstens einmal einen Sandkuchen backen konnten, ist das Spiel aus.

Variante für Kinder ab 1, 5 Jahren

Die Kinder bilden einen Sitzkreis im Sandkasten. In der Mitte liegen die Sandformen – für jedes Kind mind. ein Förmchen. Gemeinsam singen alle die ersten drei Zeilen des bekannten Kinderliedes „Backe, backe Kuchen" und rufen schließlich laut:

ICH will einen Kuchen backen!

Daraufhin backt jedes Kind einen leckeren Sandkuchen.

Zum Rhythmus der Melodie

Alter: ab 2 Jahren
Lied: beliebiges Kinderlied

Die Kinder sitzen im Sandkasten nicht zu nah beisammen im Kreis. Miteinander singen sie die erste Strophe eines ihnen bekannten Kinderliedes und patschen zum Rhythmus der Melodie mit den flachen Händen auf den Sand.
Sie wiederholen die Strophe und dürfen auf Anweisung der Spielleitung z. B. im Takt zur Melodie im Sandkasten stampfen oder mit den Fingerspitzen auf den Sand tippen.

Variante für Kinder ab 4 Jahren

Die Kinder singen gemeinsam ein Kinderlied und entscheiden selbst, wie sie den Rhythmus der Melodie begleiten.

Wer stampft denn da?

Bei dem folgenden Kreisspiel genießen die Kinder nicht nur den weichen Sand unter ihren Füßen, sondern lernen sich gegenseitig auch mit ihren Vornamen anzusprechen.

Alter: ab 2 Jahren

Alle Kinder außer einem bilden im Sandkasten einen Kreis. Das ausgewählte Kind geht in die Kreismitte, sagt den anderen möglichst laut seinen Namen oder wird von der Spielleitung mit Namen vorgestellt. Es läuft stampfend im Kreis herum, während die Spielleitung in die Runde fragt:

Wer stampft hier herum im Kreis?
Wer von uns das jetzt wohl weiß?"

Kaum ist der Satz beendet, bleibt das Kind stehen und alle Kinder rufen laut seinen Namen. Das Kind tauscht mit einem Kind den Platz, das sich nun vorstellen darf.

Variante für Kinder ab 1,5 Jahren
Die Spielleitung bildet mit den Kindern einen geschlossenen Kreis im Sandkasten. Miteinander stampfen sie Hand in Hand im Uhrzeigersinn herum. Dabei sagen sie die o. g. Sätze. Am Ende deutet die Spielleitung nacheinander auf ein paar Kinder im Kreis. Wer von den übrigen Kindern weiß wohl, wie die betreffenden Kinder

heißen? Falls die Kinder sich noch nicht so gut kennen, dürfen sie sich auch erst einmal vorstellen. Alle anderen wiederholen in diesem Fall laut, wie die ausgewählten Kinder heißen.

Stampfen, hüpfen, gehen …

Das folgende Spiel bietet sich an einem warmen Sommertag an, damit die Kinder den Sand mit ihren Füßen gut spüren können.

Alter: ab 2 Jahren
Vorbereitung: Die Kinder ziehen Schuhe und Strümpfe aus.

Die Spielleitung bildet mit den Kindern einen geschlossenen Kreis im Sandkasten. Alle skandieren laut den folgenden Spruch und bewegen sich entsprechend dazu:

Wir geben uns die Hand
und stampfen hier im Sand.
Alle gehen Hand in Hand im Uhrzeigersinn herum und stampfen auf den Boden.
Wir geben uns die Hand
und hüpfen hier im Sand.
Alle hüpfen nun Hand in Hand im Uhrzeigersinn herum.

Auf diese Weise wird das Kreisspiel mit weiteren Fortbewegungsarten (z. B. schleichen, Riesen- oder Mäuseschritte …) fortgeführt.
Nach sechs bis acht Durchgängen ist das Kreisspiel beendet.

Schläfst du noch?

Das folgende Spiel eignet sich besonders gut am Vormittag zum Begrüßen und als Einstimmung auf Spiele und andere Angebote im Sandkasten.

Alter: ab 2 Jahren
Material: 1 Glocke und Schlägel
Lied: Bruder Jakob (Kinderlied-Klassiker, dessen Quelle nicht abschließend geklärt ist.)
Hinweis: Das Lied kann als vierstimmiger Kanon gesungen werden.

Alle Kinder legen sich in den Sandkasten (in das Riesenbett). Die Spielleitung singt das Kinderlied:

> *Bruder Jakob, Bruder Jakob!*
> *Schläfst du noch?*
> *Schläfst du noch?*
> *Hörst du nicht die Glocken?*
> *Hörst du nicht die Glocken?*
> *Ding dang dong.*
> *Ding, dang dong!*

Bei „Ding, dang, dong" ertönt die Glocke. Die Kinder recken und strecken sich ausgiebig, stehen langsam – am besten über die Seitenlage – auf und wünschen sich gegenseitig einen guten Morgen!

Enten auf dem See

Alter: ab 2 Jahren
Lied: Alle meine Entchen (S. 10)

Die Kinder sitzen verteilt auf dem Sandkastenrand, drei von ihnen gehen in die Mitte.
Die Kinder am Rand singen das Lied „Alle meine Entchen" und stampfen im Takt der Melodie mit ihren Füßen auf den Sand. Die drei Kinder in der Mitte spielen dazu die kleinen Enten, die vergnügt im See schwimmen. Ist das Lied beendet, gehen sie jeweils auf ein Kind am Rand zu, um mit diesem den Platz zu tauschen.
Sind drei neue Enten in der Mitte, singen alle Kinder wieder das Lied „Alle meine Entchen".

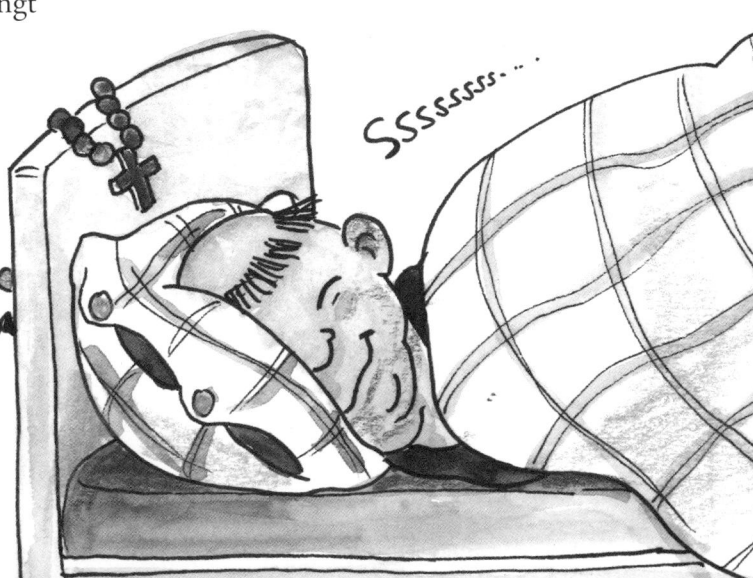

Häschen hüpft, los!

Das folgende Hüpfspiel sollten die Kinder nach Möglichkeit barfuß durchführen, da sie auf diese Weise beim Hüpfen den Sand unter ihren Füßen spüren können.

Alter: ab 2, 5 Jahren
Material: evtl. pro Kind 1 Schaufel
Lied: Häschen in der Grube (S. 11)
Vorbereitung: Die Kinder ziehen ihre Schuhe und Strümpfe aus. Spielen weniger als sechs Kinder mit, buddeln alle gemeinsam mit der Spielleitung eine große Mulde im Sandkasten als Grube aus.

Alle Kinder hocken sich in den Sandkasten. Sie spielen schlafende Hasen, die in einer Riesengrube (im Sandkasten) sitzen. Miteinander singen sie das Lied:

Häschen in der Grube ...

Ist das Lied beendet, tun alle so, als ob sie aufwachen würden. Sie recken und strecken sich ausgiebig, stehen auf und hoppeln schließlich wie die Häschen aus dem Sandkasten. Sind alle Hasenkinder munter, geht es auf ein Zeichen der Spielleitung zurück in die Grube und das Singspiel beginnt von vorn!

Sand, Sand, Sand ...

Alter: ab 3 Jahren

Die Kinder bilden einen engen Sitzkreis im Sandkasten. Alle Kinder legen ihre Hände flach auf den weichen Sand. Ein Kind wird ausgewählt, lässt eine Hand über die Handrücken der anderen kreisen, streut dabei etwas Sand darüber und sagt dazu:

> Sand, Sand, Sand auf der Hand!
> 1, 2, 3 – es ist vorbei!

Es lässt die flache Hand über die Handrücken der Kinder kreisen und patscht am Schluss möglichst schnell auf einen Handrücken.

Gelingt das nicht, wiederholt das Ausgangskind das Spiel.
Hat es jedoch eine Hand berührt, wechseln beide ihre Rollen und starten mit den übrigen Kindern das Spiel erneut. Die Kinder müssen das Vorhaben verhindern, indem sie rasch ihre Hände hinter ihrem Rücken verschwinden lassen.

Schau auf die Sanduhr!

Alter: ab 3 Jahren
Material: 1 Kaffeefiltertüte mit kleinem Loch
Vorbereitung: s. „Sanddusche" (S. 24)
Lied: Bruder Jakob (S. 15)

Die Kinder bilden im Sandkasten einen Kreis. Ein Kind geht in die Mitte, erhält die vorbereitete Filtertüte mit Loch und füllt sie mit ganz trockenem Sand.
Während nun die Kinder das bekannte Kinderlied „Bruder Jakob" singen, geht das Kind rhythmisch im Innenkreis an den Kindern entlang, hält dabei aber mit einer Hand das Loch der Filtertüte zu.
Zum Schluss heißt es abgeändert:

> Siehst du da die Sanduhr?
> Siehst du da die Sanduhr?
> Schau doch her! Schau doch her!

Das Kind lässt den Sand durch das kleine Loch der Filtertüte rieseln. Kaum ist das Lied beendet, bleibt es vor einem Kreiskind stehen und übergibt ihm die „Sanduhr". Beide Kinder begrüßen sich gegenseitig und tauschen miteinander die Plätze. Eine neue Spielrunde beginnt.

Musizieren und dann Stopp!

Alter: ab 2,5 Jahren
Material: pro Kind 1 Luftballon;
1 Trichter
Vorbereitung: Die Spielleitung führt den Trichter in das Mundstück des Luftballons. Das Kind, dem der Ballon gehört, füllt zwei bis drei Handvoll Sand in den Trichter und lässt ihn in den Ballon rieseln. Die Spielleitung pustet den Ballon etwas auf und verknotet das Mundstück – fertig ist die Luftballon-Rassel!
Lied: beliebiges Kinderlied

Die Kinder nehmen ihre Luftballon-Rasseln und verteilen sich auf dem Sandkastenrand. Miteinander summen oder singen sie leise ein ihnen bereits bekanntes Kinderlied. Zum Rhythmus der Melodie gehen sie auf dem Rand entlang und schütteln dabei im Takt ihre Luftballons. Ist das Lied beendet, springen alle Kinder rasch in den Sandkasten.

Variante für Kinder ab 3 Jahren
Im Sandkasten in der Mitte ein Loch buddeln. Das Spiel verläuft zunächst wie oben beschrieben. Ist das Lied beendet, bleiben die Kinder stehen und versuchen vom Sandkastenrand aus mit ihrem Ballon in das Loch zu treffen.

Wer fällt in den Sumpf?

Alter: ab 3 Jahren
Lied: Hoppe, hoppe Reiter (S. 8)

Alle Kinder sitzen auf dem Sandkastenrand. Vier Kinder werden ausgewählt und bilden Paare. Immer eines von beiden kniet sich auf den Boden und spielt ein Pferd, das andere setzt sich auf dessen Rücken. Während nun alle Kinder auf dem Sandkastenrand das bekannte Lied „Hoppe, hoppe Reiter" singen und dabei mit ihren Füßen im Takt zur Melodie auf den Sand stampfen, dürfen die beiden Reiter-Kinder nicht von ihren Pferden fallen, die auf der Pferdekoppel bzw. im Sandkasten herumspringen. Gewonnen hat dasjenige Kind, das sich bis zum Ende des Liedes auf dem Rücken seines Partnerkindes halten konnte.

Spring in den See!

Alter: ab 3 Jahren
Lied: Alle meine Entchen (S. 10)

Alle Kinder stellen sich um den Sandkasten (See) herum, watscheln auf der Stelle und spielen kleine Enten am Ufer. Ruft die Spielleitung: „Alle meine Entchen springen in den See!", müssen alle Enten so schnell wie möglich in den Sandkasten hopsen und so tun, als ob sie schwimmen würden. Ein Kind, das besonders schnell im See war, darf in der nächsten Spielrunde auf die gleiche Art die Enten in den See locken.

Nach ein paar Spielrunden bleiben alle Kinder im Sandkasten und singen zum Abschluss das Lied „Alle meine Entchen" und bewegen sich dazu im Takt.

Pferdchen im Galopp

Alter: ab 3 Jahren
Material: 1–3 Gymnastikseile
Lied: Hoppe, hoppe Reiter (S. 8)

Alle Kinder setzen sich auf den Sandkastenrand. Im Sandkasten legt die Spielleitung einen großen Kreis aus Seilen.
Zwei Kinder werden ausgewählt und gehen in den Sandkasten. Eines der beiden kniet sich als Pferd auf alle Viere, das andere spielt den Reiter oder die Reiterin und setzt sich auf dessen Rücken. Während nun die Gruppe „Hoppe, hoppe, Reiter" singt und dabei zu jeder Silbe auf die Oberschenkel patscht, bewegen sich Pferd und ReiterIn um den Kreis aus Seilen (den Sumpf) herum. Auf „Plumps" lässt sich das Reiter-Kind Richtung Kreis in den Sumpf fallen.
Vor der nächsten Spielrunde tauschen die beiden Kinder ihre Rollen mit jeweils einem neuen Kind aus der Gruppe.
Hinweis: Ist der Sandkasten groß genug, können durchaus auch mehrere Pferde im Sandkasten unterwegs sein, die am Ende jeweils in einen freien Ring fallen.

Die Spielzeit ist aus!

Kurz vor Ende der Spielzeit draußen treffen sich die Kinder im Sandkasten zu einem Abschlussspiel.

Alter: ab 3 Jahren

Die Kinder bilden einen Kreis im Sandkasten und halten sich an den Händen. Miteinander sagen sie den folgenden Spruch:

> Wir gehen jetzt im Sand
> und geben uns die Hand. (3 x)
> Bevor wir auseinander gehen.
> sagen wir: „Auf Wiedersehen!" (2 x)

Die Kinder gehen Hand in Hand im Kreis. Sie bleiben stehen und geben erst ihrem linken und schließlich ihrem rechten Nachbarkind die Hand. Dann geht's in Windeseile nach Hause.

Von Hand zu Hand

Das folgende Spiel bietet sich besonders gut als Einstieg für weitere Sandspiele an. Spielerisch machen die Kinder erste taktile Erfahrungen mit Sand und nehmen gleichzeitig Kontakt zueinander auf.

Alter: ab 3,5 Jahren

Die Kinder sitzen im Sandkasten beisammen und sagen gemeinsam:

> Der Sand, der Sand, der Sand
> wandert von Hand zu Hand!

Das erste Kind nimmt sich mit beiden Händen möglichst viel Sand auf und setzt den Spruch alleine fort:

> Erst zu mir und dann zu dir ...!

Es dreht sich zu seinem linken Nachbarskind und lässt ihm den Sand in die Hand rieseln. Das Nachbarkind wiederholt den Satz und setzt das Spiel auf die gleiche Art im Uhrzeigersinn fort.

Gelingt es den Kindern, den Sand einmal im Kreis wandern zu lassen?

Ich gehe im Sand!

Mit diesem Spiel können Kinder auf spielerische Art in den Sandkasten eingeladen werden.

Alter: ab 3,5 Jahren

Die Kinder sitzen auf dem Sandkastenrand. Ein beliebiges Kind darf in den Kreis und geht zu dem folgenden Spruch auf ein Kind zu:

> Ich gehe im Sand!
> Ich gehe im Sand!
> Ich gehe im Sand,
> gebe dir die Hand!

Alle Kinder patschen sich zu jeder Silbe auf die Oberschenkel. Das Kind holt sich auf die gleiche Art ein zweites Kind in den Sandkasten, nimmt es an die Hand und geht mit ihm weiter …
Das Spiel ist aus, sobald alle Kinder eine Kette und schließlich einen Kreis bilden.

Aufgepasst, ihr Hasen!

Alter: ab 3,5 Jahren
Material: pro Kind 1 Schaufel
Lied: Häschen in der Grube (S. 11)

Ein Kind spielt einen Fuchs, kniet sich außerhalb des Sandkastens hin und hat einen großen Hunger auf Hasen. Alle übrigen Kinder spielen Hasen, knien sich in den Sandkasten und singen gemeinsam mit der Spielleitung den ersten Vers des altbekannten Kinderliedes:

> Häschen in der Grube
> saß und schlief, saß und schlief.
> Armes Häschen bist du krank,
> dass du nicht mehr hüpfen kanns?

Kaum ist der Vers beendet, ruft die Spielleitung:

> Nein! Die Hasen sind putzmunter!
> Häschen hüpft, Häschen hüpf!t

Daraufhin hüpfen alle Hasen-Kinder so schnell wie möglich aus dem Sandkasten. Das wiederum versucht das Fuchs-Kind zu verhindern, indem es in den Sandkasten springt, um sich ein Hasen-Kind zu fangen. Gelingt das Vorhaben, tauschen beide ihre Rollen. Ansonsten spielt das Ausgangskind den Fuchs noch einmal.

Rhythmische Sandmalerei

Alter: ab 4,5 Jahren
Material: pro Kind 2 kurze dicke Stöcke
(ca. 10–15 cm); evtl. 1 Gießkanne,
Wasser, 1 Rechen
Lied: beliebiges Kinderlied
Vorbereitung: s. „Entenspuren" (S. 10)

Die Spielleitung und die Kinder knien
sich im Kreis in den Sand. In jeder Hand
halten sie einen Stock. Miteinander singen sie ein ihnen gut bekanntes Kinderlied, zu dessen Melodie die Spielleitung
mithilfe der beiden Stöcke im Takt z. B.
Kreise, Punkte, Wellen-, Schlangen- und
Zickzacklinien in den Sand malt. Die
Kinder ahmen alles mit ihren Stöcken
nach. Ist das Lied beendet, legen alle ihre
Stöcke zur Seite und betrachten die ent-
standenen Muster ausgiebig.

Variante für Kinder ab 2 Jahren
Die Kinder benutzen keine Stöcke, sondern ihre Finger und Hände. Sie machen
das nach, was die Spielleitung vormacht
(z. B. im Takt mit der Faust auf den Sand
klopfen, mit den Fingern auf den Sand
tippen oder gar mit der Hand über den
Sand streichen).

Barfuß durch den weichen Sand

Wahrnehmungsspiele
(Fühlen, Tasten, Lauschen und Staunen)

Das Spielen mit Sand ist hervorragend geeignet, um die Sinne zu fördern, die im Übrigen alle Kinder von Anfang an zum Lernen, Verstehen und für ihre Entwicklung brauchen. Voraussetzung hierfür ist jedoch eine „reizvolle" Umgebung, die ihnen in besonderem Maße der Sandkasten unter freiem Himmel bietet. Der vielfältig verwendbare Sand hat einen enormen Aufforderungscharakter, der die Neugierde und das Interesse der Kinder weckt und einen guten Ausgleich zu den vielen Erfahrungen aus zweiter Hand schafft.

Im folgenden Kapitel sollen die Kinder durch Einsatz ihrer Sinne ganz bewusst den Sand im trocknen oder feuchten Zustand unter ihren Füßen, in ihren Händen oder gar auf ihrem ganzen Körper spüren und erleben. Bei jeder Praxisidee stehen ein bis zwei Sätze, aus denen hervorgeht, was genau gefördert wird. Neben den wunderbaren taktilen Erfahrungen, welche die Kinder gleich durch so manche Praxisidee erhalten, werden hier auch zahlreiche Spiele und andere Angebote vorgestellt, bei denen die visuelle oder auditive Wahrnehmung im Vordergrund steht. Mit den dazu passenden Angeboten werden „genaues" Beobachten und „differenziertes" Hörvermögen interessant und spannend vermittelt, sodass die Kinder sich höchst motiviert und konzentriert auf eine Sache einlassen können. Auf diese Weise erhalten sie viele Informationen, die ihnen schließlich als Wissen nachhaltig zur Verfügung stehen.

Alter: ab 1 Jahr
Material: 1 Kaffeefiltertüte, trockener Sand, 1 Schere; evtl. 1 Augenbinde
Vorbereitung: Die Spielleitung schneidet ein kleines Loch in die Filtertüte, sodass der trockene Sand gerade noch durchrieseln kann.

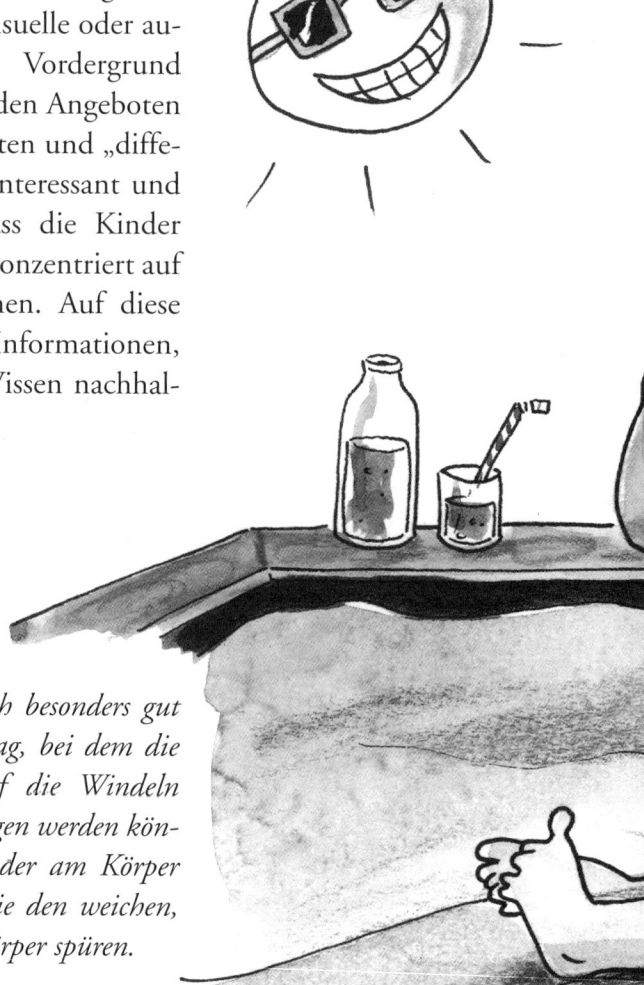

Sanddusche

Das folgende Spiel eignet sich besonders gut an einem warmen Sommertag, bei dem die Kinder bedenkenlos bis auf die Windeln (bzw. Badekleidung) ausgezogen werden können. Umso weniger die Kinder am Körper tragen, desto mehr können sie den weichen, trockenen Sand auf ihrem Körper spüren.

Ein Kind setzt (oder legt) sich nur mit Windel bzw. Badekleidung in den Sand. Der Reihe nach füllen die übrigen Kinder jeweils eine Handvoll trockenen Sand in die Filtertüte. Die Spielleitung nimmt die gefüllte Filtertüte wie einen Trichter und hält sie z. B. über die Oberschenkel, den Bauch oder die Arme des Kindes. Langsam lässt sie den Sand durch das Loch direkt auf den Körper des Kindes rieseln. – Ein schönes Erlebnis, bei dem die Kinder den Sand ganz bewusst spüren.

Variante für Kinder ab 3,5 Jahren

Das Kind im Sandkasten deutet auf ein beliebiges Körperteil, z. B. auf seinen Oberschenkel, und schließt die Augen bzw. lässt sie sich von der Spielleitung verbinden. Die Spielleitung lässt nun den Sand langsam über den Körper des Kindes rieseln. Sobald das Kind jedoch spürt, dass der Sand auf seinen Oberschenkel rieselt, ruft es laut: „Stopp!" Die Spielleitung hält in der Bewegung inne, das Kind öffnet die Augen (nimmt die Augenbinde ab) und sieht, ob seine Vermutung richtig war.

Sandbett

Die Kinder erleben, dass Sand angenehm weich und warm sein kann – und das ohne direkt mit dem Sand in Berührung zu kommen!

Alter: ab 1 Jahr
Material: 1 großes Leintuch; pro Kind 1 Tuch (kleines Handtuch, Papiertaschentuch, Chiffontuch o. Ä.)
Vorbereitung: Die Spielleitung breitet ein großes Leintuch im Sandkasten aus, der dieses Mal ein großes Bett darstellt, und übergibt jedem Kind ein Tuch, das es entweder alleine oder zusammen mit der Spielleitung auseinanderfaltet.

Ein Kind legt sich mit dem Rücken auf das Leintuch im Sandkasten. Es rekelt sich und rutscht auf dem Laken so lange hin und her, bis der Sand sich ganz seinem Körper angepasst hat. Liegt es in gemütlicher Ruheposition, schließt es die Augen. Jetzt wird es von den übrigen Kindern zugedeckt, indem sie ihre auseinandergefalteten Tücher überall auf seinem Körper verteilen – aber nicht auf sein Gesicht, da dies von vielen Kindern eher als unangenehm bzw. beängstigend empfunden wird!
Wurde das Kind ganz zugedeckt, wird es nach einer Weile von der Gruppe liebevoll geweckt. Das Kind reckt und streckt sich ausgiebig und steht schließlich auf, um mit einem anderen Kind den Platz zu tauschen.

Matschkiste

Wenn es draußen schön warm ist, wird der Sandkasten mit wenig Aufwand in eine Matschkiste verwandelt. Nebenbei machen die Kinder tolle taktile Erfahrungen, die auf der Haut besonders intensiv sind.

Alter: ab 1 Jahr
Material: unterschiedlich große Sandeimer und -formen; evtl. 1 Gießkanne, Wasser
Vorbereitung: s. Entenspuren (S. 10)
Die Kinder ziehen sich bis auf die Windel aus oder tragen Badekleidung.

Alle Kinder setzen sich auf den feuchten Sand und erhalten von der Spielleitung unterschiedliche Sandeimer und -formen. Vielleicht buddeln sie Löcher und lassen sie mit Wasser füllen, greifen mit den bloßen Händen in das Sand-Wasser-Gemisch. Vielleicht füllen sie ihre Sandeimer und Sandformen mit dem dicken Brei und haben eine spürbar große Freude beim Matschen.

Tipp: Spielt die Spielleitung mit, kann sie den Kindern ganz nebenbei weitere Anregungen geben und die Ideen der Kinder für weitere Spielideen aufgreifen.

Seeigel auf Wanderschaft

Wenn draußen die Sonne angenehm warm auf uns herab scheint, dürfen die Kinder bis auf die Windeln ausgezogen (bzw. in Badesachen) bei einer Igelball-Massage entspannen und dabei so ganz nebenbei auf ihrer Haut den weichen Sand spüren.

Alter: ab 1 Jahr
Material: 1 Kopfkissen, 1 Igelball
Vorbereitung: Die Kinder ziehen sich bis auf die Windel aus oder tragen Badekleidung.

Ein Kind legt sich mit dem Rücken auf den weichen trockenen Sand. Der Kopf ruht auf einem Kissen, die Arme sind am besten leicht gebeugt und die Handflächen zeigen nach oben oder unten. Die Beine sind leicht gespreizt und – falls es das Kind möchte – die Augen geschlossen. Die Spielleitung massiert das Kind mithilfe des Igelballs von den Füßen bis zum Schulterbereich und umgekehrt. Dabei achtet sie darauf, dass der Igelball ständig in Kontakt mit dem Körper bleibt und die kreisförmigen Bewegungen nicht allzu schnell verlaufen.
Nach einer Weile wandert der Seeigel zum nächsten Kind …

Flugzeuglandung

Das folgende Spiel zur Förderung der taktilen Wahrnehmung eignet sich auch als Einstieg für weitere tolle Spiele und andere Angebote im Sandkasten.

Alter: ab 1,5 Jahren

Ein Kind steht am Sandkastenrand zwischen zwei Erwachsenen, die es jeweils an einer Hand gut festhalten. Sie schwingen das Kind durch die Luft und sagen dabei:

Flieger fliegst weit fort,
Flieger fliegst weit fort,
Flieger fliegst weit fort,
landest weich, sieh dort!

Kaum ist der letzte Satz beendet, wird das Fliegerkind im Sandkasten abgesetzt, sodass es den weichen warmen Sand um sich herum spüren und genießen kann.

Hinweis: Besonders viel Spaß macht das Spiel, wenn mehrere Flugzeuge gleichzeitig fliegen und schließlich wieder weich landen. Damit das jedoch gelingt, müssen die Eltern das Spiel tatkräftig unterstützen.

Variante: Hubschrauberlandung

Die Spielleitung hält im Sandkasten ein Kind an beiden Händen fest. Sie dreht sich mehrmals um die eigene Achse, sodass sich das Kind als Propeller eines Hubschraubers in der Luft im Kreis herumdreht. Nach einer Weile dreht sie sich immer langsamer und setzt schließlich das Kind auf den weichen Sand.

Schüttelgläser

Bei dem folgenden Angebot werden visuelle und auditive Wahrnehmung gleichermaßen gefördert.

Alter: ab 1, 5 Jahren
Material: kleine Kostbarkeiten aus der Natur (Blüten, Nüsse, Tannennadeln o. Ä.); pro Kind 1 leeres Glas mit Deckel (Babynahrung oder Marmeladenglas); evtl. pro Kind 1 kleines Tablett mit Rand (Deckel von Schuhschachteln o. Ä.)

Im Sandkasten füllen die Kinder die Gläser jeweils bis zur Hälfte mit Sand, dann kommen in jedes Glas ein paar Naturmaterialien dazu. Zum Schluss verschließt die Spielleitung alle Gläser mit den dazugehörigen Deckeln.
Wenn die Kinder ihre Gläser in die Hände nehmen und schütteln, können sie das eine oder andere Naturmaterial im Glas entdecken, aber auch die unterschiedlichen Sandgeräusche wahrnehmen, die sie durch das Schütteln erzeugen,.

Variante für Kinder ab 3 Jahren

Die Kinder verteilen ein paar Naturmaterialien auf einem kleinen Tablett und bedecken diese so gut wie möglich mit Sand. Während sie nun das Tablett vorsichtig hin und her bewegen, gibt es immer wieder etwas anderes auf dem Tablett zu entdecken.

Sandengel

Die Kinder können nun mit dem ganzen Körper den Sand auf ihrer Haut spüren und dabei taktile Erfahrungen sammeln.

Alter: ab 2,5 Jahren
Material: 1 Kopfkissen, 1 Rechen

Ein Kind setzt sich in den Sandkasten. Die Spielleitung recht den trockenen Sand schön glatt und legt hinter das Kind ein Kopfkissen. Dieses lässt sich mit dem Rücken auf den Sand und dem Kopf auf das Kissen gleiten. In dieser Position bewegt es seine gestreckten Arme und Beine so wie ein Hampelmann auf dem Sand. Das Kind steht vorsichtig – evtl. mithilfe der Spielleitung – auf und betrachtet mit den übrigen Kindern den Sandengel im Sandkasten.

Hinweis: Ist der Sandkasten groß genug, können zwei oder gar drei Kinder gleichzeitig einen Sandengel machen und somit miteinander Spaß haben.

Fußweg im Sandkasten

Im Sandkasten bekommen die Kinder unterschiedliche Materialien unter ihren Füßen zu spüren – ein tolles Angebot, das die taktile Wahrnehmung in besonderem Maße fördert.

Alter: ab 3 Jahren
Material: unterschiedliche Naturmaterialien für den Fußweg (z. B. Kastanien, Moos, Blätter, Kies usw.); 1 kleiner Stock, 1 Augenbinde

Vorbereitung

Die Spielleitung gestaltet mit den o.g. Materialien einen Fußweg durch den Sandkasten, indem sie mit einem Stock der Reihe nach Quadrate (ca. 20 x 20 cm) in den Sand ritzt, welche die Kinder mit jeweils einem bestimmten Naturmaterial füllen. Dazwischen bleiben jedoch fünf bis sechs Quadrate lediglich aus Sand gefüllt. Alle Kinder ziehen ihre Schuhe und Strümpfe aus.

Spielablauf

Ein Kind stellt sich in den Sandkasten und lässt sich von der Spielleitung die Augen verbinden. Alle übrigen Kinder setzen sich ringsherum auf den Sandkastenrand und beobachten, wie die Spielleitung das Kind an die Hand nimmt und in Richtung Fußweg führt. Auf ein Startzeichen der Spielleitung hin, geht das Kind langsam auf dem Fußweg entlang. Immer, wenn es meint auf Sand zu gehen, ruft es laut: „Sand!" Konnte das Kind den Sand richtig erkennen? Die Gruppe antwortet mit „stimmt" oder „stimmt nicht". Ist das Kind am Ende des Fußwegs angekommen, nimmt es seine Augenbinde ab und tauscht mit einem anderen Kind den Platz.

Variante für Kinder ab 4,5 Jahren

Das Kind mit der Augenbinde muss stets das Material benennen, auf dem es gerade steht oder geht. Gibt das Kind eine falsche Antwort, nimmt es seine Augenbinde ab und tauscht mit einem anderen Kind den Platz. Ansonsten ist eine Spielrunde am anderen Ende des Fußwegs beendet.

Taste mit dem Fuß

Hier lernen die Kinder blind auf dem weichen Sand zu gehen und sich durch das Tasten mit den Füßen zu orientieren.

Alter: ab 3 Jahren
Material: 1 Sandform; 1–2 Augenbinden
Vorbereitung: Die Kinder ziehen ihre Schuhe und Strümpfe aus.

Die Spielleitung verbindet einem beliebigen Kind im Sandkasten die Augen. Ein weiteres Kind holt sich eine Sandform und platziert sie auf den Sand. Alle übrigen Kinder sitzen am Sandkastenrand und blicken zu dem Kind, das lediglich mit den Füßen nach dem Förmchen im Sandkasten tasten darf.
Rufen die Kinder „Kalt!", weiß das Kind genau, dass es auf der falschen Spur ist.
Ruft jedoch die Gruppe „Warm!" oder gar „Heiß!", ist die Sandform ganz in seiner Nähe.
Das Spiel ist beendet, sobald das Kind mit einem Fuß die Sandform berührt. Es nimmt seine Augenbinde ab und tauscht den Platz mit einem anderen Kind, das sich schließlich von der Spielleitung die Augen verbinden lässt.

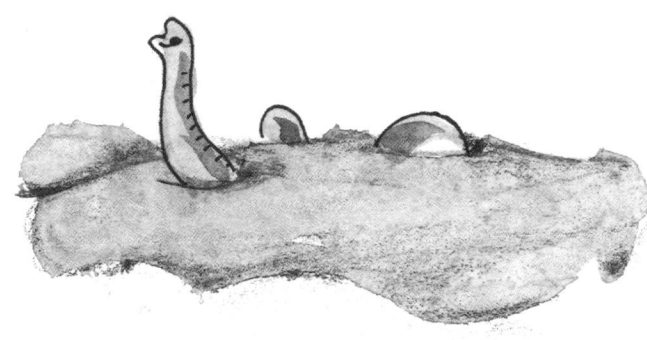

Variante für Kinder ab 4,5 Jahren

Zwei Kinder lassen sich von der Spielleitung im Sandkasten die Augen verbinden. Die Spielleitung führt jedes Kind an eine andere Stelle im Standkasten. Auf ein Startzeichen der Spielleitung hin gehen beide Kinder los, um sich gegenseitig zu finden, zu umarmen und vielleicht sogar noch mit den Füßen zu berühren. Die Gruppe setzt sich auf den Sandkastenrand und passt auf, dass beide Kinder innerhalb des Sandkastens bleiben.

SOS! Rettet die Tiere!

Ein paar Tiere haben sich in der Wüste verirrt! Die Kinder brauchen gute Augen, um herauszufinden, wo sich ihre Tiere befinden.

Alter: ab 3 Jahren
Material: für alle Kinder außer einem 1 kleines bestimmtes Spielzeugtier

Alle Kinder setzen sich auf den Sandkastenrand und erhalten von der Spielleitung jeweils ein bestimmtes Spielzeugtier. Ein Kind wird ausgewählt, alle anderen schließen die Augen und drehen sich mit dem Rücken zum Sandkasten, während das eine Kind rasch die Spielzeugtiere einsammelt und überall im Sand verteilt. Auf ein Startzeichen des Kindes hin, öffnen alle ihre Augen und machen sich auf die Suche nach ihrem Tier. Wer wird wohl als Erstes sein Tier in den Händen halten? Das betreffende Kind darf in der nächsten Spielrunde die Tiere im Sandkasten verteilen.

Hinweis: Die Suche nach den Tieren wird umso schwieriger, sobald das Kind die Tiere mit etwas Sand bedeckt oder die Tiere bis zur Hälfte im Sand vergräbt.

Fuß oder Hand?

Bei dem folgenden Spiel wird die taktile Wahrnehmung gefördert und gleichzeitig der eigene Körper ganz bewusst erlebt.

Alter: ab 3 Jahren
Material: 1 Augenbinde

Die Kinder sitzen auf dem Sandkastenrand. Ein Kind aus der Gruppe legt sich auf dem Rücken in die Mitte und lässt sich von der Spielleitung die Augen verbinden. Die Spielleitung deutet z. B. auf ihren Fuß. Daraufhin dürfen die übrigen Kinder die Füße des Kindes im Sand eingraben. Das liegende Kind muss nun spüren, welcher Körperteil von ihm gleich mit Sand bedeckt ist und ruft laut die Bezeichnung. Zur Kontrolle nimmt es seine Augenbinde ab und schaut nach.

Variante für Kinder ab 2 Jahren

Ein beliebiges Kind legt sich in die Mitte auf den Rücken. Es ruft einige Kinder auf und bewegt die Körperstelle, auf die sie ordentlich Sand schütten dürfen. Vielleicht wissen die Kinder auch, wie die ausgewählte Körperstelle heißt.

Sandabdrücke

Bei dem folgenden Spiel ist gute Beobachtungsgabe gefragt! Denn nur so finden die Kinder heraus, wodurch die Sandabdrücke entstanden sind.

Alter: ab 3,5 Jahren
Material: 3 – 6 Sandformen, die sich in der Größe und Form voneinander gut unterscheiden, 1 Rechen;
evtl. 1 Gießkanne, Wasser
Vorbereitung: s. „Entenspuren" (S. 10)

Die Kinder sitzen auf dem Sandkastenrand. Ein Kind holt sich ein paar Sandformen und stellt sich in die Mitte. Auf ein Zeichen der Spielleitung hin legen die Kinder am Rand ihren Kopf in den Schoß und schließen ihre Augen. Das Kind in der Mitte nimmt eine Sandform und macht davon einen Abdruck, indem es die Sandform umdreht und bis zum Rand fest in den Sand drückt. Es legt die Sandform auf seinen Ausgangsplatz zurück und bittet die Gruppe, die Augen zu öffnen und auf den Sandabdruck zu schauen. Wer weiß, welche Sandform das Kind gerade benutzt hat? Die Kinder geben nacheinander einen Tipp ab und sind auf die Lösung gespannt. Eine neue Spielrunde startet, bei welcher der Sand zunächst glatt gerecht wird.

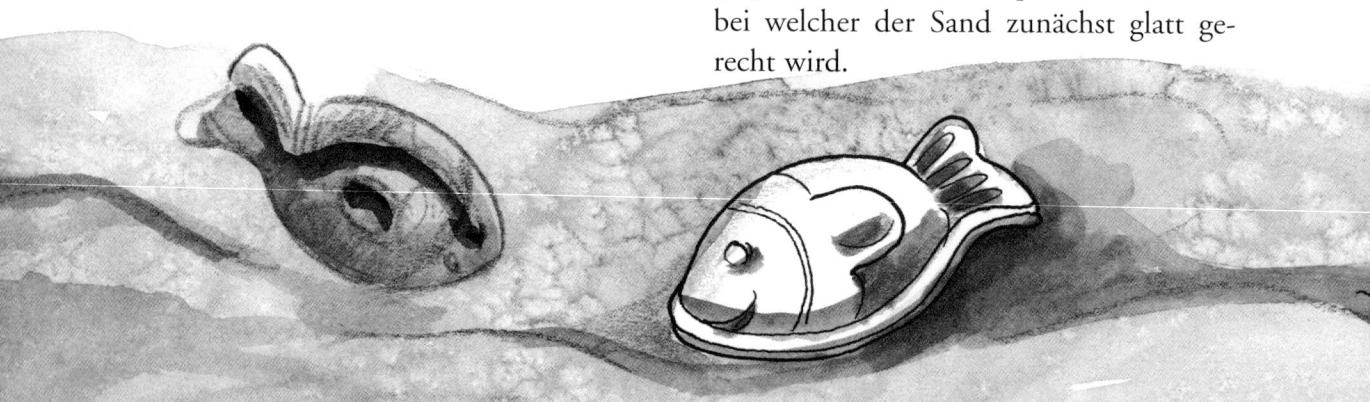

Variante für Kinder ab 2 Jahren

Das Spiel verläuft so wie oben dargestellt. Das Kind macht jedoch entweder einen Sandabdruck von der Hand oder dem Fuß. Dasjenige Kind, das am schnellsten die Antwort nennt, startet eine neue Spielrunde.

Schau genau!

Eine gute Beobachtungsgabe und schnelles Reaktionsvermögen brauchen die Kinder, um bei dem nachfolgenden Spiel die Kieselsteine zu ergattern.

Alter: ab 3,5 Jahren
Material: 8 gleich aussehende leere Gläser (Babynahrung, Marmelade o. Ä.), Kieselsteine; evtl. 1 Augenbinde
Vorbereitung: Die Spielleitung wäscht die Gläser aus und entfernt die Etiketten. Zwei Gläser füllt sie bis zur Hälfte und zwei weitere Gläser bis zum Rand mit Sand. Bei den nächsten zwei Gläsern schüttet sie so viel Sand hinein, dass lediglich der Boden gut mit Sand bedeckt ist, die letzten zwei Gläser bleiben ohne Sand.

Die Kinder bilden einen Sitzkreis im Sandkasten. Die Spielleitung verteilt die Gläser in der Kreismitte und hebt ein beliebiges Glas in die Luft. Wer von den Kindern findet rasch ein weiteres Glas mit dem gleichen Inhalt? Wer zuerst auf das richtige Glas mit einer Hand patscht, erhält einen Kieselstein. Sobald ein Kind drei Kieselsteine erbeutet hat, ist das Spiel aus.

Variante für Kinder ab 4,5 Jahren

Ein beliebiges Kind lässt sich von der Spielleitung die Augen verbinden. Es bekommt ein Glas in die Hand gedrückt und muss nun blind ein weiteres Glas mit der gleichen Menge Sand finden. Zur Kontrolle nimmt es die Augenbinde ab und schaut nach. Stimmt seine Vermutung, erhält es einen Kieselstein. Unabhängig davon stellt es das Glas wieder zu den anderen. Reihum wird das Spiel auf die gleiche Art fortgesetzt. Das Spiel ist beendet, sobald jedes Kind zumindest einen Kieselstein besitzt.

Wie heißt der Körperteil?

Bei dem folgenden Spiel kommen alle Kinder, die gerne im Sand graben und tasten, voll auf ihre Kosten. Dabei lernen sie auch so ganz nebenbei den eigenen Körper bewusst kennen.

Alter: ab 4 Jahren
Material: für alle Kinder bis auf eines
1 Augenbinde

Ein Kind legt sich auf den Sand und lässt sich bis zu den Schultern von den übrigen Kindern im Sand eingraben. Ist das Kind vollständig eingegraben, bilden alle einen Kreis. Sie lassen sich die Augen verbinden und gehen auf ein Zeichen der Spielleitung Hand in Hand um das Kind herum. Bei „Stopp" knien sich alle Kinder hin und beginnen damit, das Kind auszugraben. Berührt eines der Kinder irgendein Körperteil, ruft es laut „Stopp!" und teilt seine Vermutung mit. War seine Annahme richtig, darf es die Augenbinde abnehmen, die Stelle wieder mit Sand auffüllen und aufmerksam das Spiel der anderen verfolgen. Das Spiel ist aus, sobald jedes der Kinder einmal eine richtige Antwort geben konnte.

Variante für Kinder ab 2,5 Jahren
Zwei Kinder müssen ein bestimmtes Körperteil finden bzw. das Kind so lange ausgraben, bis eines von beiden z. B. den gesuchten Arm berührt. Wird dem Paar das Vorhaben gelingen?

Hörst du die Sanduhr?

Die Kinder brauchen Ohren wie Luchse, um den Sand rieseln zu hören!

Alter: ab 4 Jahren
Material: 1 Kaffeefiltertüte, 1 spitze Schere, 1 großes Malpapier,
evtl. 1 Sanduhr
Vorbereitung: s. „Sanddusche" (S. 24 „Filtertüte")

Ein Kind stellt sich mit der Filtertüte in die Sandkastenmitte. Es hebt die Filtertüte am oberen Rand mit einer Hand hoch und hält das Loch mit der anderen zu. Al-

le anderen knien sich im Kreis mit dem Rücken zu ihm und schließen ihre Augen. Die Spielleitung legt vor das Kind ein großes Malpapier und schüttet möglichst viel trockenen Sand in die Tüte, die nun eine Sanduhr darstellt. Auf ein Zeichen der Spielleitung hin nimmt das Kind seine Hand vom Loch, sodass der Sand auf das Papier rieselt. Wer glaubt, dass die Sanduhr abgelaufen ist, hebt die Hand. Das Kind gibt Bescheid, sobald der ganze Sand aus der Tüte auf dem Papier liegt. Eines von denjenigen Kindern, das besonders gut die Aufgabe erfüllen konnte, bekommt die Tüte und tauscht mit dem Kind in der Mitte den Platz. Ein neues Spiel mit der Sanduhr beginnt.

Hinweis: Falls vorhanden, empfiehlt es sich vor dem Spiel den Kindern eine echte Sanduhr zu zeigen, die in der Regel sehr preiswert ist und so ähnlich wie eine Stoppuhr für so manches Spiel eingesetzt werden kann.

Variante für Kinder ab 4,5 Jahren

Bis auf ein Kind legen alle Kinder, die im Kreis sitzen, jeweils ein Malpapier hinter ihrem Rücken auf den Sand. Das Kind mit der Sanduhr geht entlang der Malpapiere, sodass der Sand der Reihe nach auf die Malpapiere rieselt. Es bleibt stehen, sobald kein Sand mehr in der Tüte ist. Hinter welchem Kind steht nun das Kind? Wird sich das betreffende Kind per Handzeichen melden? Falls ja, tauschen beide Kinder ihre Plätze. Ansonsten wiederholt das Ausgangskind das Spiel.

Wo wird gebaut?

Wer hat gute Ohren und merkt, wo gerade ein Haus gebaut wird? Das ist gar nicht so einfach, da gerade keine Baumaschinen zu hören sind.

Alter: ab 4 Jahren
Material: 1 Sandeimer, 1 kleine Schaufel

Alle Kinder stellen noch nicht fertig gebaute Häuser dar, indem sie im Sandkasten einen Kreis bilden und sich mit dem Rücken zur Kreismitte und zudem breitbeinig hinstellen. Ein Kind ist der Bauarbeiter bzw. die Bauarbeiterin und stellt sich mit einem Sandeimer und einer kleinen Schaufel in die Kreismitte. Es füllt den Eimer bis zur Hälfte mit Sand, schleicht mit dem Eimer im Innenkreis herum und stellt sich schließlich direkt hinter irgendein Kind. Es schaufelt etwas Sand aus dem Eimer und schüttet den Sand von der Schaufel zwischen die Beine des ausgewählten Kindes. Wer glaubt, dass gerade sein Haus gebaut wird, dreht sich um! Stimmt das, darf das betreffende Kind den Platz mit dem Ausgangskind tauschen und in der Kreismitte das Spiel auf die gleiche Art fortsetzen.

Wo ist die Naschkatze?

Heimlich, still und leise möchte die Naschkatze vom Kuchen naschen. Die kleinen Konditoren haben jedoch gute Ohren und passen auf!

Alter: ab 4 Jahren
Material: für alle Kinder mit Ausnahme von einem 1 Augenbinde; jede Menge Gugelhupf-Sandformen o. Ä.

Bis auf ein Kind backt jedes Kind einen Gugelhupf im Sandkasten und kniet sich dahinter. Die Spielleitung verbindet den Kindern außer einem, welches die Naschkatze spielt, die Augen.
Die Naschkatze krabbelt auf Samtpfoten (auf allen Vieren) in Richtung eines beliebigen Kindes, um vom Sandkuchen zu naschen. Die Naschkatze muss sich einen neuen Sandkuchen suchen, sobald das ausgewählte Kind auf die Naschkatze deutet. Gelingt es jedoch der Naschkatze vorher mit der flachen Hand auf einen Sandkuchen zu patschen, tauscht sie mit dem betreffenden Kind den Platz, backt einen neuen Sandkuchen und lässt sich von der Spielleitung die Augen verbinden.
Eine weitere Spielrunde beginnt mit dem neuen Kind, das nun die Naschkatze spielt.

Variante für Kinder ab 2 Jahren

Die Kinder holen sich Sandformen und backen im Sandkasten jede Menge Sandkuchen.

Miteinander spielen sie kleine Naschkatzen, die zu den einzelnen Sandkuchen krabbeln und dann so tun, als ob sie von diesen naschen würden. Naschkatzen, die einen großen Appetit haben, dürfen die Sandkuchen auch ganz verspeisen, indem sie mit der flachen Hand auf die Sandkuchen patschen und diese somit dem Erdboden gleich machen.

Stranddiebe

Ein Stranddieb oder eine Stranddiebin befindet sich unter den Kindern, daran erkennbar, dass er oder sie noch etwas Sand bei sich hat. Werden die mit Lupen ausgerüstete Detektive den Fall lösen können?

Alter: ab 4 Jahren
Material: 2 Lupen, 1 Stoppuhr oder Uhr mit Sekundenzeiger

Alle Kinder mit Ausnahme von zwei sitzen auf dem Sandkastenrand. Während nun die beiden ihre Augen schließen, streut ein beliebiges Kind eine Handvoll Sand z. B. auf die Oberschenkel, den Handrücken oder gar die Schultern eines beliebigen Kindes, das nun den Stranddieb oder die Stranddiebin spielt. Erst wenn das Kind wieder auf seinem Platz sitzt, öffnen beide Kinder ihre Augen und machen sich jeweils ausgestattet mit einer Lupe auf die Suche nach dem gesuchten Kind.

Wie lange werden die Detektive brauchen, um den Dieb oder die Diebin zu entlarven? Die Spielleitung stoppt die Zeit, sobald der Fall gelöst wurde.

In der nächsten Spielrunde dürfen sich zwei weitere Detektive auf die Suche nach einem neuen Stranddieb oder der Stranddiebin machen.

Wo ist der Sandsack?

Bei dem folgenden Spiel müssen die Kinder ordentlich tasten, um den Sandsack heraus-zufinden.

Alter: ab 4 Jahren
Material: pro Kind 1 Sandform; 4-6 kleine gleiche Stoffsäckchen mit Band oder Socken und Schuhschnüre, für alle Säckchen jeweils 1 bestimmtes Naturmaterial (Zapfen, Kieselstein, Zweig, Pflanzenblätter und Gras)
Vorbereitung: Die Spielleitung sucht gemeinsam mit den Kindern für jedes Säckchen ein bestimmte Naturmaterial. Ein Säckchen füllen sie bis zur Hälfte mit Sand, alle übrigen mit jeweils anderem Naturmaterial. Die Spielleitung bindet alle gefüllten Säckchen zu.

Die Kinder erhalten jeweils eine Sandform und bilden im Sandkasten einen Kreis, in dessen Mitte die Spielleitung die zugebundenen Säckchen verteilt.
Reihum tasten die Kinder die Säckchen ab. Zum Vergleich nehmen sie etwas Sand aus dem Sandkasten in die Hand. Konnten sie alle Säckchen abtasten, geben sie jeweils einen Tipp ab. Zur Kontrolle öffnet die Spielleitung die einzelnen Säckchen, bis sie Sand findet. Diejenigen Kinder, die richtig geraten haben, geben eine Handvoll Sand in ihr Sandförmchen. Die Spielleitung bindet die geöffneten Säckchen wieder zu und bittet die Kinder ihre Augen kurz zu schließen.

Sie vertauscht die Säckchen und eröffnet schließlich eine neue Spielrunde. Das Spiel ist aus, sobald alle Kinder etwas Sand in ihren Förmchen haben.

Hör genau hin!

Bei dem folgenden Spiel müssen die Kinder ihre Ohren spitzen, um die einzelnen Tätig-keiten anhand der erzeugten Geräusche zu erahnen.

Alter: ab 4,5 Jahren
Material: 1 Sieb, 1 Sandeimer, 1 kleine Schaufel

Ein Kind aus der Gruppe kniet sich auf den Sand, alle anderen setzen sich mit dem Rücken zu ihm auf den Sandkastenrand. Während sie nun ihre Augen schließen, kann das Kind z. B. ein Loch mit der Schaufel im Sandkasten graben, den Sand in den Eimer sieben oder mithilfe der Schaufel den Eimer mit Sand füllen. Kurz darauf bleibt es stehen und bittet die Gruppe sich umzudrehen. Wer errät, was das Kind im Sandkasten gerade gemacht hat? Das Kind ruft ein beliebiges Kind auf, das sich meldet und die vermutete Tätigkeit wiederholt. Konnte das Kind richtig Antwort geben, darf es auf die gleiche Art eine neue Tätigkeit vorstellen.
Ansonsten fragt das Kind so lange weiter, bis eines von den Kindern das Rätsel löst.

Rate mal, was ich da mal!

Das nachfolgende Spiel fördert die visuelle Wahrnehmung und nicht zuletzt die ungeteilte Aufmerksamkeit.

Alter: ab 4,5 Jahren
Material: 1 kleiner Stock; 1 Rechen; evtl. 1 Gießkanne, Wasser
Vorbereitung: s. Entenspuren (S. 10)
Die Spielleitung glättet mit dem Rechen den Sand.

Die Kinder sitzen auf dem Sandkastenrand. Ein Kind erhält einen kleinen Stock und geht in den Sand. Es denkt sich einen einfachen Gegenstand aus, den es mit dem Stock in den Sand ritzt – z. B. eine

Sonne, Baum, Vogel o. Ä. Die anderen beobachten alles genau. Am Schluss wählt das Kind eines von den Kindern aus, welches das, was es gemalt hat, benennen darf. Gibt das Kind richtig Antwort, tauschen beide ihre Plätze. Ansonsten fragt das Kind so lange weiter, bis eines von den Kindern die richtige Antwort weiß.

Variante für Kinder ab 3 Jahren

Die Spielleitung bildet mit den Kindern einen Sitzkreis im Sandkasten und malt mit dem Zeigefinger z. B. einen Strich, einen Kreis oder einfach nur einen Punkt auf die Sandoberfläche. Die Kinder ahmen alles gleich nach und rufen ihre Vermutung laut in die Runde. Wurde die richtige Antwort genannt, streichen sie den Sand mit ihren Händen glatt und wiederholen das Spiel.

Sandeimer oder -form?

Bei dem folgenden Spiel üben die Kinder aufmerksam zuzuhören und sich dabei für kurze Zeit bewusst auf eine Sache einzulassen.

Alter: ab 4,5 Jahren
Material: 1 kleine Schaufel, 1 Sandeimer, 1 Sandform

Die Kinder füllen den Eimer und das Förmchen mit Sand. Bis auf ein Kind setzen sich alle Kinder mit dem Rücken zum Sand an den Sandkastenrand. Das Kind wählt etwas aus, wie z. B. den Eimer. Es stellt sich in den Sandkasten und dreht den Eimer langsam herum, sodass der Sand unaufhörlich in den Sandkasten rieselt. Ist der Eimer leer, müssen die übrigen Kinder herausfinden, ob es den Eimer oder Sandform benutzt hat. Logisch, dass zum Ausleeren des Eimers mit dem größeren Inhalt viel mehr Zeit benötigt wird. Die Kinder geben der Reihe nach einen Tipp ab und wenden sich zur Kontrolle in Richtung des Kindes. Eines von denjenigen Kindern, das die Lösung weiß, tauscht mit dem Kind den Platz. Es füllt den Eimer wieder mit Sand und wiederholt das Spiel, sobald alle wieder so wie am Anfang auf dem Sandkastenrand sitzen.

Sand in den Schuhen?

Dieses Spiel eignet sich besonders gut an einem warmen Sommertag für Kinder, die aufmerksam sind und ihre Ohren spitzen.

Alter: ab 4,5 Jahren
Material: für alle Kinder außer einem 1 Augenbinde; 1 kleine Schaufel
Vorbereitung: Alle Kinder ziehen ihre Schuhe und Strümpfe aus.

Die Kinder außer einem bilden im Sandkasten einen großzügigen Kreis und stellen ihre Schuhe direkt hinter sich auf den Sand. Ein Kind erhält die Schaufel und geht im Außenkreis herum. Die Kreiskinder schließen die Augen und warten ab, bis das Kind mit der Schaufel etwas Sand auf ein Paar Schuhe schüttet. Wer glaubt, dass es sich um seine Schuhe handelt, ruft laut: „In meinem Schuhen ist Sand!" Zur Kontrolle drehen sich alle Kinder um und schauen nach.

Das Kind holt seine Schuhe, tauscht mit dem betreffenden Kind den Platz. Das ausgewählte Kind legt seine Schuhe zur Seite und wiederholt mithilfe der Sandschaufel das Spiel.

Sandrassel

Die Kinder müssen genau hinschauen und zuhören, um ihren Sandrassel-Einsatz nicht zu verpassen!

Alter: ab 4,5 Jahren
Material: pro Kind 1 leeres Glas mit Deckel (Babynahrung oder Marmelade); 2 – 4 Löffel
Vorbereitung: Die Spielleitung wäscht die Gläser aus und entfernt die Etiketten. Die Kinder erhalten jeweils ein Glas und bilden 2 – 4 Kleingruppen. Die Kinder einer Gruppe müssen nun ihre Gläser mit der gleichen Menge (z. B. mit 2, 6, 10 bzw. 14 Löffeln) Sand so füllen, dass ihr Inhalt von den einzelnen Gruppen leicht zu unterscheiden ist. Die Gläser werden allesamt mit den Deckeln gut verschlossen.

Die Kinder sitzen mit ihren gefüllten Gläsern gut verteilt auf dem Sandkastenrand. Dabei achten sie darauf, dass sie möglichst kein Kind der eigenen Gruppe neben sich haben. Ein Kind wird von der Spielleitung ausgewählt. Es steht auf, geht in Richtung Sandkastenmitte und schüttelt sein Glas bei jedem Schritt so wie eine Rassel. Alle

Strandträume

Gibt es etwas Schöneres, als im Sand zu liegen und zu träumen, wenn von oben die Sonne angenehm warm auf uns herab scheint!

Alter: ab 4,5 Jahren
Material: 1 Ocean Drum
Vorbereitung: Die Kinder ziehen sich bis auf die Windel aus oder tragen Badekleidung.

Die Kinder liegen allesamt ganz entspannt auf dem weichen, trockenen Sand im Sandkasten und haben die Augen geschlossen.
Die Spielleitung erzählt den Kindern eine kurze Strandgeschichte. Sie berichtet z. B. über einen weißen Sandstrand, die Schatten spendenden Kokospalmen, das unendlich weite blaue Meer, über kleine und große Meeresbewohner und nicht zuletzt das beruhigende Meeresrauschen. Dabei lässt sie hin und wieder die Ocean Drum erklingen …

Kinder, die ein Glas mit der gleichen Sandmenge in den Händen halten, stehen auf und rasseln gleich mit. Sobald das Kind jedoch mit einem anderen Kind den Platz tauscht, setzen sich auch die übrigen Kinder im Sandkasten wieder hin. Das ausgewählte Kind setzt das Spiel auf die gleiche Art fort. Das Spiel ist erst beendet, wenn jede Gruppe an der Reihe gewesen ist.

Variante für Kinder ab 2,5 Jahren

Die Kinder füllen ihre Gläser ganz nach Belieben mit Sand. Miteinander singen sie ein bekanntes Kinderlied und schütteln dabei rhythmisch ihre Gläser.

Muster im Sand

Kreative Mitmachideen
für kleine SandkünstlerInnen

Kinder haben große Freude daran, etwas aus Sand zu gestalten. Mit großer Hingabe und Konzentration werden z. B. mit Stöcken, Kämmen & Co. Spuren in den Sand gezogen, mithilfe von kleinen Naturmaterialien originelle Muster in den Sandkasten gezaubert oder einfach jede Menge Fußabdrücke im Sand hinterlassen. Manchmal werden sogar unterschiedliche Sandspielsachen für die Herstellung der Werke im Sandkasten oder auf dem Sandkastenrand benutzt, die nicht selten nach der Fertigstellung durch neue Ideen der Kinder verändert oder erweitert werden.

Im Folgenden dürfen nun die kleinen KünstlerInnen auf vielfältige Weise den Sand verwenden, aber auch gängige Sandspielsachen benutzen, um kreativ zu sein. Die Spiele und andere Angebote aus diesem Kapitel sollen in erster Linie die Fantasie der Kinder beflügeln und zum Mitmachen anregen. Sie sollen die Lust am Malen und Gestalten fördern und die Kinder ermutigen, ihre eigenen Ideen in die Praxis umzusetzen. Auf diese Weise wird ihr Selbstvertrauen gestärkt, die Feinmotorik verbessert und nicht zuletzt die künstlerische Ausdrucksfähigkeit geschult. Für eine optimale Förderung der Kreativität und Fantasie müssen jedoch auch die Ideen der einzelnen Kinder von der Spielleitung aufgegriffen und somit der Gruppe zugänglich gemacht werden.

Matsch-Bild

Alter: ab 1 Jahr
Material: 1 weißes Blatt Papier (DIN-A3);
evtl. 1 Gießkanne, Wasser, große Pflanzenblätter
Vorbereitung: s. „Entenspuren" (S. 10)

Die Spielleitung und die Kinder und sitzen kreisförmig im Sand, in der Mitte
liegt ein weißes Blatt Papier. Die Kinder
greifen mit ihren Händen in das Sand-
Wasser-Gemisch und matschen nach Herzenslust. Die Spielleitung greift in den
dicken Brei und wirft eine Handvoll auf
das Papier, sodass der Aufprall zu hören
ist. Sie animiert die Kinder zum Mitmachen und sorgt dafür, dass relativ schnell
ein tolles Matsch-Bild entsteht.
Hinweis: Anstelle des Papiers können die
Kinder auch große Pflanzenblätter sammeln, mit denen sie einen großen Patch-
work-Teppich im Sandkasten gestalten.
Das Spiel verläuft dann so wie oben beschrieben.

Handabdrücke

Alter: ab 1,5 Jahren
Material: 1 Rechen, unterschiedliche,
kleine Naturmaterialien (z. B. Blüten,
Blätter, Kieselsteine);
evtl. 1 Gießkanne, Wasser
Vorbereitung: s. „Entenspuren" (S. 10)
Die Spielleitung sammelt gemeinsam mit
den Kindern viele unterschiedliche kleine
Naturmaterialien (Blüten, Blätter, Sa-
men, Kieselsteine …), die sie in der
Nähe des Sandkastens bereit legen. Zudem recht sie den Sand glatt. Bei der Variante müssen die Kinder ihre Schuhe
und Strümpfe ausziehen.

Für die Aktion knien sich die Kinder auf
den Sand, spreizen alle zehn Finger und
drücken ihre flachen Hände möglichst fest
in den feuchten Sand, sodass deutliche
Handabdrücke entstehen. Sie holen ihre
kleinen Kostbarkeiten aus der Natur, mit
denen sie auf irgendeine Art ihre Handabdrücke ausfüllen und somit verschönern.

Variante
Die Kinder machen Fußabdrücke, die sie
so wie oben beschrieben mit ihren Naturmaterialien ausfüllen.

Augen, Mund und Nase

Alter: ab 2 Jahren

Die Spielleitung bildet gemeinsam mit den Kindern einen Sitzkreis im Sandkasten. Sie zeichnet mit dem Zeigerfinger auf den Sand einen Kopf bzw. Kreis und deutet anschließend z. B. auf ihre Augen. Dasjenige Kind, das als Erstes „Augen!" ruft, darf mit dem Zeigefinger zwei Augen in den Kreis malen. Es folgen auf diese Art Mund, Nase oder sogar die Ohren – sodass allmählich ein Sandgesicht entsteht. Ist das Gesicht fertig, machen die Kinder gleich noch eines.

Variante für Kinder ab 4 Jahren

Die Kinder knien sich im Sandkasten hin. Sie zeichnen mit ihrem Zeigefinger jeweils ein Gesicht auf den Sand. Sie gehen so lange Hand in Hand um die Gesichter herum, bis die Spielleitung „Stopp!" ruft. Sie deutet auf ein Gesicht und möchte gerne wissen, wer dieses Gesicht gezeichnet hat.

Das betreffende Kind gibt sich erst zu erkennen, wenn eines von den übrigen Kindern richtig geantwortet hat. Es deutet auf ein anderes Gesicht und das Ratespiel geht weiter.

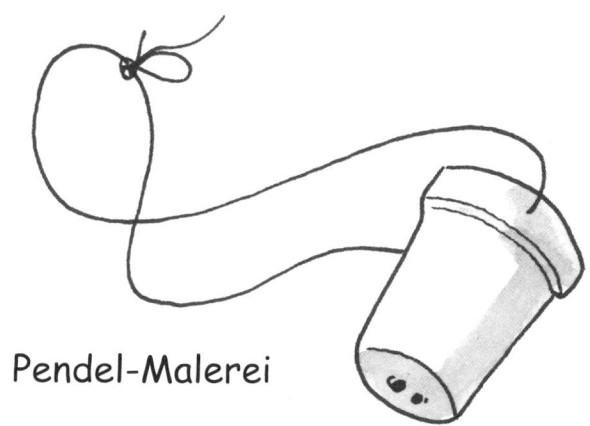

Pendel-Malerei

Alter: ab 2 Jahren

Material: pro Kind 1 Papp- oder Plastik-
becher, 1 Schnur (ca. 40 cm lang),
1 weißes Papier (DIN A3); 1 spitze Schere
(Prickelnadel o. Ä.)

Vorbereitung: Die Spielleitung sticht in
den Becherboden ein oder gar mehrere
Löcher hinein, deren Durchmesser so
groß ist, dass der trockene Sand gerade
noch durch die Löcher rieseln kann. In
den Becherrand sticht sie zwei gegen-
überliegende Löcher. Durch die beiden
Löcher fädelt sie die Schnur und verknotet beide Enden miteinander.

Die Kinder suchen sich einen Platz im
Sandkasten aus und erhalten jeweils ein
weißes Blatt Papier, das sie direkt vor
ihren Füßen platzieren. Sie füllen ihren
Becher mit trockenem Sand, halten ihn an
der Schnur und bewegen ihn kreisförmig
wie ein Pendel direkt vor ihrem Oberkör-
per. Die Kinder können nun beobachten,
wie der Sand durch die Löcher auf das Papier rieselt und dabei schöne Muster aus
Sand entstehen.

Variante für Kinder ab 1,5 Jahren

Die Kinder füllen den Becher mit trockenem Sand, stehen auf und halten dabei
den Becher an der Schnur fest, sodass der
Sand durch die Löcher auf den Sand im
Sandkasten rieselt. Wer möchte, kann
auch seinen Becher hin und her schwingen oder gar mit dem Becher im Sandkasten spazieren gehen und dabei Sandspuren hinterlassen.

Muschel-Sandberg

Alter: ab 2,5 Jahren
Material: pro Kind 1 kleine Schaufel; jede Menge Muscheln (oder gesammelte Naturmaterialien), 1 Handtrommel; evtl. 1 Gießkanne, Wasser
Vorbereitung: s. „Entenspuren" (S. 10)

Die Kinder bauen aus feuchtem Sand einen Berg, dessen Wände sie immer wieder mit den Händen fest klopfen. Dann verzieren sie ihren Berg nach Herzenslust, indem sie die Muscheln (Blüten, Blätter o. Ä.) in die Sandoberfläche drücken.
Am Ende bilden sie einen Kreis um den Berg und geben sich gegenseitig die Hände. Zu jedem Trommelschlag gehen sie einen Schritt nach links herum und bleiben stehen, um den Muschelberg zu betrachten. Erst wenn sie wieder an ihrem Ausgangsplatz stehen, hört die Spielleitung mit dem Trommeln auf.

Variante für Kinder ab 4,5 Jahren
Ausgehend von der Bergspitze legen die Kinder möglichst viele Muschel-Ringe. Zudem legen sie ein bis zwei Muschel-Ringe um die Sandburg herum. Dann fängt die Schlussrunde so wie oben beschrieben an.

Sandspuren

Das folgende Spiel bietet sich bei schönem Wetter an, da die Kinder dann ohne Bedenken barfuß laufen und im Sandkasten Fußspuren hinterlassen können.

Alter: ab 2,5 Jahre
Material: 1 Rechen, 1 Markierungskegel o. Ä., 1 Handtrommel;
evtl. 1 Gießkanne und Wasser
Vorbereitung: s. „Entenspuren" (S. 10). Die Spielleitung recht dann den feuchten Sand glatt und stellt außerhalb des Sandkastens direkt am Rand einen Markierungskegel auf.

Zum langsamen Rhythmus des Trommelspiels gehen die Kinder auf dem Sandkastenrand im Uhrzeigersinn herum. Stoppt das Trommeln, darf das Kind, das gerade neben dem Markierungskegel steht, barfuß auf den feuchten Sand gehen. Setzt die Trommel wieder ein, reiht es sich wieder bei den anderen ein. Auf diese Weise wird das Spiel so lange fortgesetzt, bis alle Kinder zumindest einmal im Sand ihre Fußabdrücke hinterlassen konnten.

Variante für Kinder ab 3, 5 Jahren
Dasjenige Kind, das beim Trommelstopp vor dem Markierungskegel steht, benennt ein Kind und eine Fortbewegungsart (z. B. auf einem Bein hüpfen, auf Zehenspitzen gehen, auf allen Vieren gehen oder Riesenschritte machen), die das betreffende Kind im Sandkasten so lange ausführt, bis die Spielleitung wieder trommelt.

Stempeln auf dem Sand

Alter: ab 3 Jahren
Material: 1 Rechen, unterschiedliche kleine Dinge (z. B. Kämme, Muscheln, Sandformen, Schlüssel o. Ä.), 4 Stöcke (ca. 30 cm lang) für jedes Kind; evtl. 1 Gießkanne, Wasser
Vorbereitung: s. „Entenspuren" (S. 10) Die Spielleitung recht anschließend den feuchten Sand glatt.

Die Kinder erhalten jeweils vier Stöcke. Sie suchen sich einen Platz im Sandkasten aus und legen mit den Hölzern entweder alleine oder mithilfe der Spielleitung einen viereckigen Rahmen.
Das Bild gestalten sie mit Abdrücken, indem sie unterschiedliche Sachen fest in den Sand drücken und wieder herausnehmen.
Am Ende stellen sich alle kleinen KünstlerInnen auf den Sandkastenrand, um die vielen Sandabdrücke, die sich in den Rahmen befinden, zu bewundern.

Variante für Kinder ab 1 Jahr

Die Spielleitung setzt sich gemeinsam mit den Kindern in den Sandkasten und gibt ihnen ein paar Sachen, die sie überall in den glatten Sand drücken.

Sandsturm-Bild

Alter: ab 3 Jahren
Material: pro Kind 1 weißes Blatt Papier (DIN A3) und 1 Sieb; jede Menge Blätter, 1 Handtrommel
Vorbereitung: Die Spielleitung sammelt mit den Kindern verschiedene Pflanzenblätter.

Jedes Kind erhält ein weißes Blatt Papier und sucht sich einen Platz im Sandkasten aus. Die Kinder legen ihre Papiere direkt vor sich hin und erhalten von der Spielleitung ihre gesammelten Pflanzenblätter, mit denen sie z. B. ein Männchen, ein Haus oder einfach ein Muster auf das Papier legen. Am Schluss nehmen sie jeweils ein Sieb, das sie mit trockenem Sand füllen. Sie zaubern auf ihr Bild einen Sandsturm, indem sie den Sand über ihre Bilder sieben. Was passiert, wenn sie jetzt die Blätter vorsichtig wieder entfernen? Die Kinder probieren es gleich aus!

Wasserspuren

Damit die Kinder mit Wasser Spuren, Motive und andere Dinge im Sandkasten machen können, muss der Sand trocken sein. Ein Spiel, das sich besonders gut an einem warmen Sommertag anbietet.

Alter: ab 3 Jahren
Material: pro Kind 1 Spritztier o. Ä; Wasser, 1 Rechen; evtl. 1 Handtrommel
Vorbereitung: Die Spielleitung recht den Sand glatt.

Die Kinder füllen ihre Spritztiere mit Wasser und verteilen sich auf dem Sandkastenrand. Sie spritzen das Wasser nun in Richtung Sand und lassen so z. B. kreisförmige, kantige, zackige oder wellenförmige Wasserspuren im Sand entstehen. Am Ende gehen sie um den Sandkasten herum, um ihr Gemeinschaftswerk aus Wasser und Sand von allen Seiten zu betrachten.

Variante
Die Kinder bauen im Sandkasten mehrere kleine und größere Sandhügel.
Zum Rhythmus der Trommel gehen sie mit ihren Spritztieren um die einzelnen Hügel herum. Stoppt das Trommeln, spritzen sie Wasser in Richtung der Hügel. Nach ein paar Durchgängen betrachten sie in aller Ruhe die Wasserspuren auf den Sandhügeln.

Kugelkopf

Spielerisch lernen die Kinder nicht nur sich künstlerisch mit Sand zu beschäftigen, sondern auch, was alles zu einem Gesicht gehört.

Alter: ab 3 Jahren
Material: Sandspielsachen und jede Menge Naturgegenstände (z. B. Gras, Blüten und Blätter, Steine), evtl. 1 Gießkanne und Wasser
Vorbereitung: s. „Entenspuren" (S. 10)

Die Kinder formen aus feuchtem Sand eine möglichst große Kugel. Dieser Kugelkopf erhält nun zwei Augen, die sie z. B. mit zwei Blüten darstellen. Für die Nase nehmen sie z. B. einen dicken Zweig, für den Mund ein Pflanzenblatt und für die Haare etwas Moos oder lange Grashalme. Wurde der Sandkopf fertiggestellt, dreht sich ein Kind um und hält sich die Augen zu, während ein weiteres Kind heimlich z. B. eine Blüte entfernt und versteckt. Das Kind öffnet die Augen, dreht sich wieder um und schaut auf den Sandkopf. Erkennt das Kind, was dem Kopf fehlt und wie das entwendete Naturmaterial heißt? Zur Kontrolle holt das Kind das gesuchte Naturmaterial, das es wieder an der richtigen Stelle am Kopf anbringt.
Eine neue Spielrunde beginnt, bei der wieder ein Kind etwas entwenden darf.

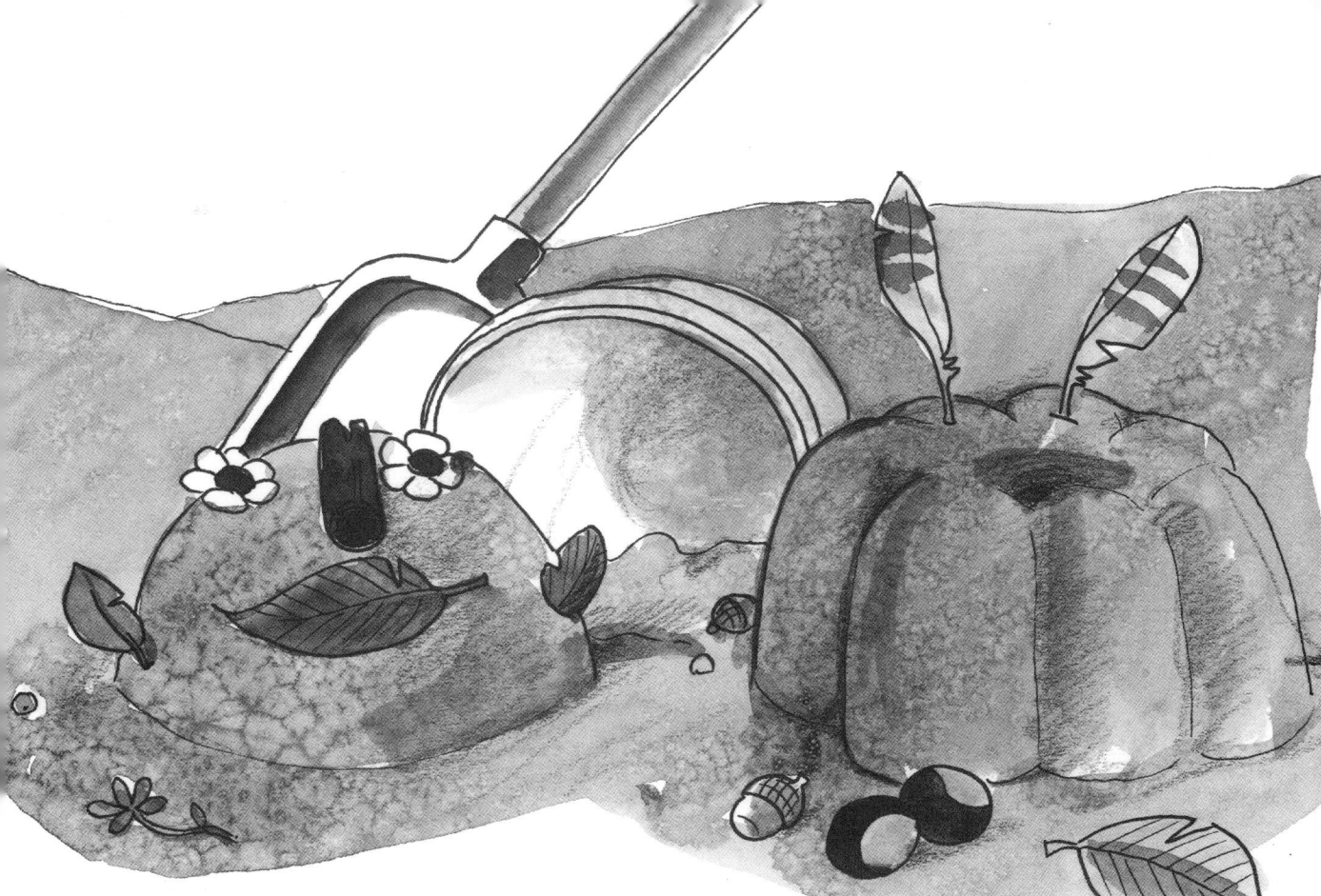

Obstkuchen

Alter: ab 3 Jahren
Material: pro Kind 1 Schuhkartondeckel
o. Ä.; kleine Naturmaterialien (Blüten,
Zapfen und Haselnüsse …);
evtl. 1 Gießkanne, Wasser; 1 Gugelhupf-
Sandform o. Ä., kleine Stöcke (ca. 10 cm
lang)
Vorbereitung: s. „Entenspuren" (S. 10)

Die Kinder suchen in der nahen Umgebung jede Menge kleine Naturmaterialien
wie Steinchen, Blüten, Zapfen, Haselnüsse … Haben sie ausreichend Material gesammelt, setzen sie sich in den Sandkasten. Dort füllen sie mit beiden Händen
den feuchten Sand, den Kuchenteig, in
den Schuhkartondeckel und klopfen ihn

mit den Händen glatt. Jedes Kind darf
nun seinen Kuchenboden mit den gesammelten Naturmaterialien, welche das Obst
darstellen, nach Herzenslust belegen. Bevor jedoch der Kuchen verspeist werden
kann, müssen die Kinder den Kuchen im
imaginären Backofen backen!

Variante

Anstelle eines Blechkuchens backen alle
Kinder eine Geburtstagstorte – mithilfe einer Gugelhupf-Sandform oder einem Sandeimer. Den fertigen Geburtstagskuchen aus
Sand verzieren sie mit den gesammelten
Naturmaterialien. Je nachdem, wie alt das
Geburtstagskind wird, stecken sie die gleiche Anzahl an kleinen Kerzen bzw. Stöcken
bis zur Hälfte in den Kuchen hinein.

Nebenbei gemacht

Alter: ab 3,5 Jahren
Material: pro Kind 1 Igelball, 1 Kamm (ca. 12 cm bereit) oder 1 kleiner Stock; 1 Handtrommel; evtl. 1 Rechen, 1 Triangel
Vorbereitung: Die Spielleitung platziert im Sandkasten die o. g. Sachen. Die Kinder verteilen auf dem Sandkastenrand etwas Sand und zwar so, dass der Sandkastenrand gut mit Sand bedeckt ist.
Für die Spielvariante recht sie lediglich den Sand im Sandkasten glatt.

Zum Rhythmus des Trommelspiels laufen alle Kinder im Sandkasten herum. Stoppt die Trommel, schnappt sich jedes Kind einen Gegenstand und kniet sich direkt vor den Sandkastenrand, um mithilfe des Gegenstands z. B. ein Muster zu machen, einen Kreis oder gar eine Zahl zu zeichnen. Erklingt das Trommelspiel erneut, legen die Kinder ihre Sachen wieder auf den Platz zurück und wiederholen den Trommeltanz.
Nach ein paar Durchgängen dürfen die Kinder ihre Kunstwerke auf dem Sandkastenrand bewundern.

Variante für Kinder ab 2,5 Jahren

Die Spielleitung platziert auf dem Sandkastenrand Kämme und Igelbälle, mit denen die Kinder z. B. Muster in den Sand machen können. Die Kinder versammeln sich im Sandkasten und holen sich etwas, sobald die Spielleitung die Triangel erklingen lässt. Die Spielleitung macht mit, indem sie z. B. den Igelball auf dem Sand hin und her rollt. Sie greift jedoch auch die Ideen der Kinder auf. Erklingt die Triangel erneut, legen die Kinder alle Sachen zurück und beenden das Sandspiel.

Sandkuchen-Mandala

Alter: ab 3, 5 Jahren
Material: 1 Sandeimer, verschiedene Sandformen

Die Spielleitung füllt einen Eimer mit Sand und backt in der Sandkastenmitte einen hohen Sandkuchen. Die Kinder füllen die Sandformen ebenfalls mit Sand, mit denen sie um den großen Kuchen herum viele kleinere backen. Ist der erste Sandkuchen-Ring fertiggestellt, machen sie auf die gleiche Art einen weiteren Ring um den ersten herum. Am Schluss gehen alle auf dem Sandkastenrand spazieren, um ihr Sandkuchen-Mandala aus verschiedenen Perspektiven zu betrachten.

Variante für Kinder ab 2 Jahren

Die Spielleitung dreht einen Eimer um und stellt ihn auf den Sand. Die Kinder stellen auf die gleiche Art ihre Sandformen um den Eimer herum. Je nachdem, wie viele Sandformen zur Verfügung stehen, können die Kinder noch weitere Sandformen-Ringe drum herum bilden.

Igel, zeig deine Stacheln!

Alter: ab 4 Jahren
Material: pro Kind 1 Sandeimer und 12 kleine Stöcke; Wasser, 1 Schaumstoffwürfel
Vorbereitung: Die Spielleitung füllt jeden Sandeimer bis zur Hälfte mit Wasser. Währenddessen sucht sich jedes Kind zwölf kleine Stöcke.

Die Kinder bilden im Sandkasten einen großzügigen Sitzkreis. Jedes Kind erhält von der Spielleitung einen Sandeimer, halbgefüllt mit Wasser. Die Kinder vermischen den Sand mit Wasser, sodass im Eimer ein dicker Brei entsteht. Daraus formen sie jeweils einen faustgroßen Igel, den sie direkt vor sich auf den Sand platzieren. Die Kinder holen ihre Stöcke und einen großen Schaumstoffwürfel.
Ein Kind würfelt und darf je nach gewürfelter Augenzahl die entsprechende Anzahl an Stacheln bzw. Stöckchen in seinen Igel stecken. Es gibt den Würfel an das linke Nachbarkind weiter. Das Kind, das als Erstes seinen Igel mit zwölf Stacheln fertig machen konnte, hat gewonnen.
Alle übrigen Kinder spielen um die weiteren Plätze.

Kunstwerk aus Sandspielsachen

Alter: ab 4 Jahren
Material: 1 Korb und jede Menge Sandspielsachen

Alle Kinder sitzen auf dem Sandkastenrand und schauen in Richtung Sandkasten, in den die Spielleitung einen Korb mit verschiedenen Sandspielsachen stellt. Sie ruft ein beliebiges Kind auf, das sich aus dem Korb etwas herausholt und schließlich auf den Sand platziert. Es tauscht mit einem weiteren Kind den Platz, das auf die gleiche Art das Spiel fortsetzt. Dabei muss es jedoch darauf achten, dass sein Sandspielzeug das andere an irgendeiner Stelle berührt. Es kann sein Sandspielzeug z. B. auf das andere stellen, an dieses anlehnen oder direkt neben dem anderen hinlegen. Das Spiel ist beendet, sobald alle Sandspielsachen so im Sandkasten verteilt wurden, dass sie letztendlich auf irgendeine Art miteinander verbunden sind und ein Gemeinschaftskunstwerk entstanden ist!

Variante für Kinder ab 3 Jahren

Die Kinder bilden einen Sitzkreis im Sandkasten. Sie holen sich der Reihe nach etwas aus dem Korb und stellen das, was sie sich ausgesucht haben, auf irgendeine Art in die Kreismitte. Die Kinder können z. B. ihre Sandform auf eine andere stellen oder einfach auf dem Sand ablegen.
Am Ende dürfen die Kinder mit den ausgesuchten Sachen im Sandkasten spielen.

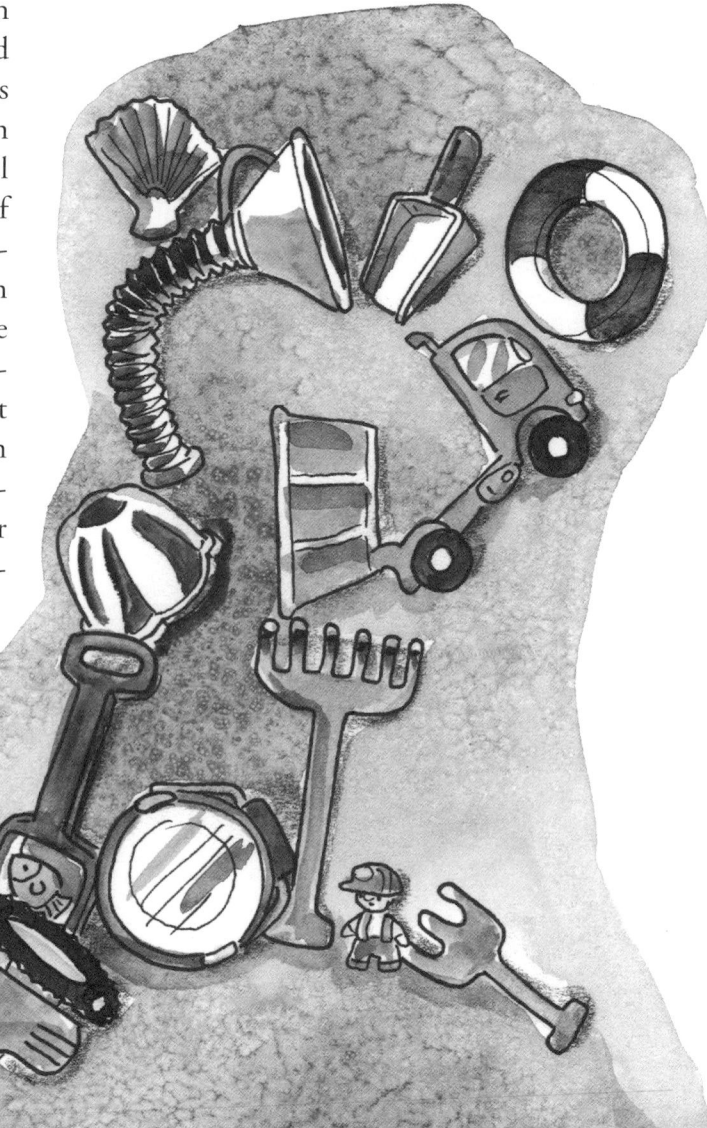

3-D-Bilder

Alter: ab 4 Jahren
Material: pro Kind 4 Stöcke (ca. 30 cm lang); jede Menge Muscheln (oder andere Naturmaterialien);
evtl. 4 lange Stöcke (ca. 1 m lang)
Vorbereitung: Jedes Kind sucht sich vier ca. gleich lange Stöcke, mit denen es auf dem Sand einen viereckigen Bilderrahmen legt.

Die Kinder erhalten von der Spielleitung jede Menge Muscheln (oder z. B. kleine Steine, Zapfen und Moos), mit denen sie jeweils ein 3-D-Bild auf dem Sand gestalten. Sie können z B. mit den Fingern ein Loch in den Sand graben und ein paar Muscheln darin legen oder eine kleine Sandburg bauen und mit anderen Naturmaterialien die Burg verzieren. Auch können sie ein Mandala mit Erhebungen und Vertiefungen aus Naturmaterialien gestalten oder einfach nur ein schönes Muster mit den Materialien in den Bilderrahmen legen.

Am Schluss stehen alle Kinder auf und gehen um die einzelnen gerahmten Kunstwerke herum, die sie in aller Ruhe betrachten.

Variante für Kinder ab 4,5 Jahren

Die Kinder legen mit den vier langen Stöcken einen großen viereckigen Bilderrahmen auf den Sand.
Im Rahmen soll ein großes 3-D-Gemeinschaftsbild entstehen. Hierfür benutzen sie alle Materialien, die ihnen zur Verfügung stehen. Das Kunstwerk ist fertig, sobald alle Kinder damit zufrieden sind.

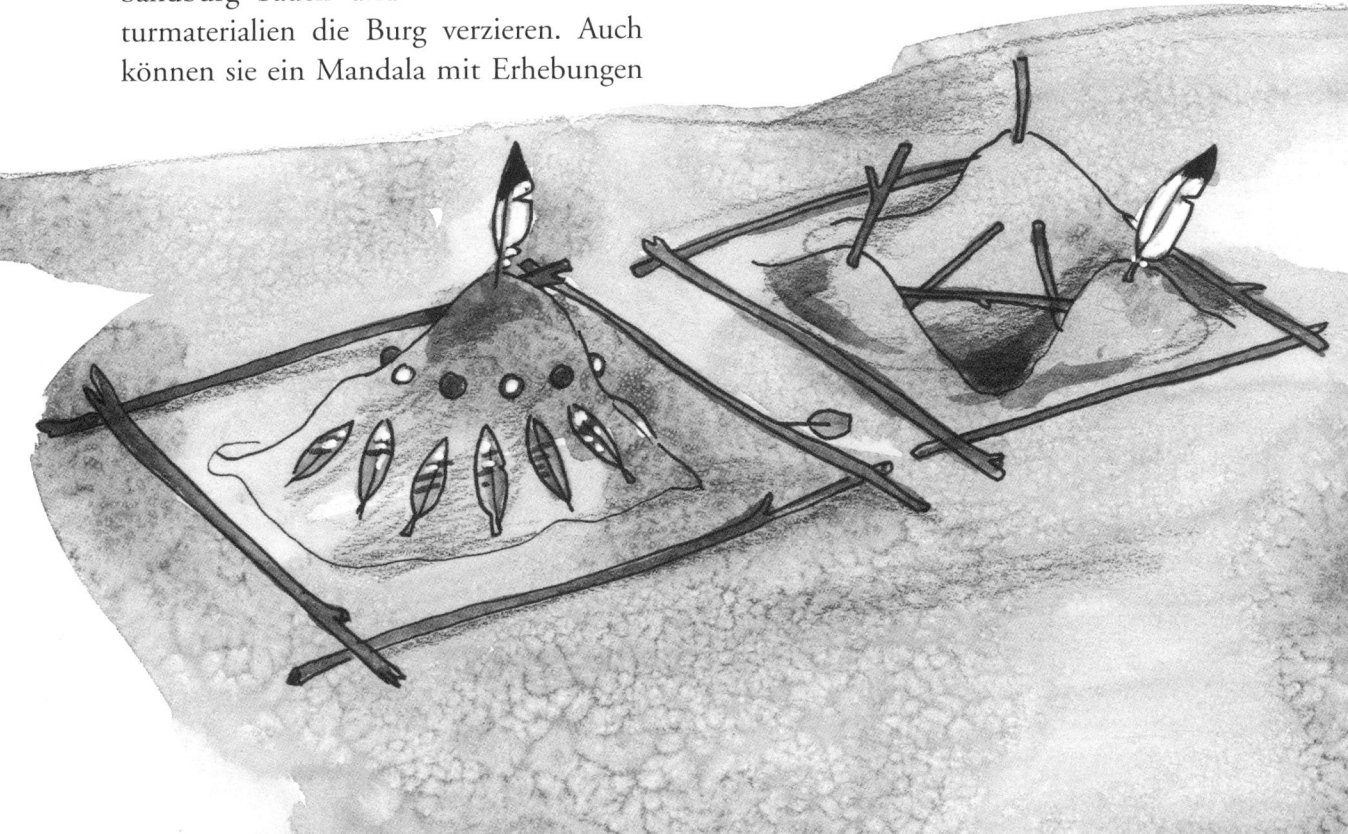

Kreis, Dreieck oder …?

Bei dem folgenden Spiel sind die Kinder nicht nur kreativ, sondern lernen auch die geometrischen Grundformen kennen und unterscheiden.

Alter: ab 4 Jahren
Material: Sandformen, Stöcke, 4 unterschiedliche, kleine Naturmaterialien (z. B. Kastanien, Pflanzenblätter, Moos und Kieselsteine); evtl. 1 Gießkanne, Wasser
Vorbereitung: s. „Entenspuren" (S. 10)

Die Spielleitung oder einige ältere Kinder ritzen mit Stöcken große geometrische Grundformen (Kreis, Dreieck, Quadrat und Rechteck) in den Sand, die sich möglichst nah beisammen befinden. Sie verwenden die gesammelten Naturmateriali-en, um damit die geometrischen Grundformen auszufüllen. Jedes Naturmaterial ordnen sie einer bestimmten Form zu, z. B.: Kreis = Kastanie,
Dreieck = Pflanzenblatt,
Moos = Quadrat,
Kieselstein = Rechteck.
Jedes Kind bekommt dann eine beliebige Menge an Material und muss dieses in den entsprechenden Formen unterbringen – so können die Formen kunstvoll ausgestaltet werden. Erst wenn alle Formen fertiggestellt wurden, setzen sich alle um die Formen herum. Die Spielleitung fragt nach einer bestimmten Form, die sie nicht nur benennt, sondern auch beschreibt. Das Kind, das zuerst auf die genannte Form deutet, wählt eine neue Form aus, welche die übrigen Kinder finden müssen.

Etwas (weiter-)formen

Alter: ab 4,5 Jahren
Material: 1 Handtrommel;
evtl. 1 Gießkanne, Wasser
Vorbereitung: s. „Entenspuren" (S. 10)

Die Kinder knien nebeneinander entlang des Sandkastenrandes. Ertönt ein kräftiger Trommelschlag, nehmen sie sich etwas von dem feuchten Sand und formen auf dem Sandkastenrand eine beliebige Figur, das kann z. B. eine Kugel, eine Mauer, ein Kuchen o. Ä. sein. Sobald jedoch wieder ein Trommelschlag durch die Spielleitung erfolgt, rutschen alle Kinder einen Platz nach links weiter. Sitzt jedes Kind vor einer neuen Form, darf es diese Figur weiter gestalten. Das Spiel wird auf diese Art so lange fortgesetzt, bis alle Kinder wieder auf ihrem Ausgangsplatz sitzen.

Die Kinder schauen sich nun in aller Ruhe ihre Kunstwerke an, die sich nach jedem Durchgang verändern.

Variante für Kinder ab 2 Jahren
Jedes Kind formt aus Sand ein kleines Kunstwerk.

Am Schluss geht die Spielleitung mit den Kindern Hand in Hand zu den einzelnen Kunstwerken, um sie zu betrachten.

Ratebilder

Alter: ab 4,5 Jahren
Material: 1 Stock, 1 Rechen;
evtl. 1 Gießkanne, Wasser
Vorbereitung: s. „Entenspuren" (S. 10)

Die Spielleitung flüstert einem Kind ins Ohr, was es mit dem Stock in den Sand ritzen soll. Das kann z. B. ein Kreis, ein Dreieck, eine Welle, ein Kreuz oder gar ein Haus, Baum oder Stern sein. Die übrigen Kinder beobachten vom Sandkastenrand den Vorgang und rufen ihre Vermutungen laut in die Runde.

Wenn ein Kind den richtigen Begriff nennt, tauschen beide Kinder ihre Plätze. Das neue Kind recht den Sand glatt und erhält den Malstock für die neue Spielrunde.

Variante für Kinder ab 2,5 Jahren
Die Spielleitung sitzt gemeinsam mit den Kindern im Sand. Miteinander zeichnen sie mit den Fingern in den Sand, was ihnen gerade einfällt.

Die Spielleitung teilt ihre Vermutungen mit, welche die kleinen KünstlerInnen bestätigen oder verneinen können.

Sandmensch

Alter: ab 4,5 Jahren
Material: alte Kleidungsstücke, Hüte und Kappen (z. B. aus der Verkleidungskiste), Sandschaufeln; evtl. 1 Fotokamera

Die Kinder buddeln ein beliebiges Kind, das mit dem Rücken auf dem Sand liegt, bis zu den Schultern ein. Die Kinder holen die alten Kleidungsstücke, Hüte und dergleichen, die sie passend zu der Liegeposition des Kindes entsprechend auf der Sandoberfläche verteilen. Am Schluss macht die Spielleitung mit der Digitalkamera ein Foto, das das betreffende Kind mit nach Hause nehmen darf. Logisch, dass auch die anderen Kinder ein solches Foto von sich haben wollen.
Eine Aktion, die man am besten gleich mehrmals wiederholt!

Daumenabdruck-Mandala

Alter: ab 4,5 Jahren
Material: pro Kind 4 kleine Stöcke (ca. 30 cm lang); evtl. 1 Gießkanne, Wasser

Jedes Kind erhält vier etwa gleich lange Stöcke und legt daraus einen viereckigen Bilderrahmen im Sandkasten. Auf den Sand gießt die Spielleitung, falls nötig, mit der Gießkanne etwas Wasser, sodass der Sand in den Rahmen feucht ist.
Die Kinder setzen sich im Sandkasten jeweils vor einen Bilderrahmen. Jedes Kind darf nun mit dem Daumen in der Mitte des Bilderrahmens einen Abdruck in den feuchten Sand machen, um den es einen Ring aus weiterer Daumenabdrücken macht. Das Kind macht um den ersten Ring einen weiteren Ring aus Daumenabdrücken usw. Das geht so lange, bis die Kinder im Bilderrahmen ein großes Mandala bewundern können.

Spinnennetz

Alter: ab 4,5 Jahren
Material: 20–30 Stöcke (ca. 30–50 cm lang), Wolle (verschiedene Farben), Schere
Vorbereitung: Die Spielleitung sucht gemeinsam mit den Kindern möglichst viele Stöcke in der nächsten Umgebung.

Die Kinder stecken die Stöcke überall im Sandkasten bis zur Hälfte in den Sand. Sie schneiden einen langen Wollfaden ab und binden das Fadenende evtl. mithilfe der Spielleitung an einem Stock fest, führen den Faden in Richtung eines anderen Stocks, um schließlich den locker gespannten Faden dort festzubinden.
Auf diese Weise werden immer zwei Stöcke mit jeweils einem Faden verbunden, sodass sich bald ein Muster aus bunten Fäden wie ein Spinnennetz über den Sand zieht.

Sandkasten-Mode

Wie der Sandkasten zum Laufsteg und die Sandsachen zu Kleidungsstücken umfunktioniert werden können, soll nun gezeigt werden.

Alter: ab 4,5 Jahren
Material: 1 Korb mit jeder Menge Sandspielsachen, Kleidungstücke und Tücher z. B. aus der Verkleidungskiste

Die Kinder bilden zwei bis drei gleich große Gruppen. Jede Gruppe sucht sich ein paar Sandspielsachen für die Modenschau aus. Während nun die erste Gruppe sich für die Modeschau fertig macht, setzen sich alle übrigen Kinder in den Sandkasten. Auf ein Startzeichen der Spielleitung hin, gehen die Kinder aus der ersten Gruppe der Reihe nach auf dem Laufsteg bzw. Sandkastenrand entlang. Sie stellen die neueste Sandkasten-Mode vor, bei der ein Kind z. B. den Sandeimer als Hut auf dem Kopf trägt, ein anderes eine Gießkannen-Handtasche in der Hand hält und ein weiteres ein Sandförmchen als Abendtasche zum Ausgehen verwendet.
Außerdem können die Kinder die neueste Berufskleidung vorstellen, indem sie sich z. B. als GärtnerInnen oder BauarbeiterInnen verkleiden und passend dazu z. B. eine Sandschaufel in der Hand halten.

Wettlauf um den Sandkasten herum

Bewegungsintensive Mitmachideen für kleine Flohhopser

Bewegungsintensive Spiele und andere Angebote, die im und um den Sandkasten herum durchgeführt werden, versprechen jede Menge Action und Spielspaß. Den Kindern bereitet es viel Vergnügen, im Sandkasten z. B. zu laufen oder sich gegenseitig zu fangen. Zudem ist das Spielfeld bzw. der Sandkasten für Kinder besonders leicht zu überschauen. Die Kinder können im Sandkasten die Spielregeln gut einhalten und dabei schnell Blickkontakt zu den anderen Kindern herstellen. Dadurch, dass das Spielfeld nicht sehr groß ist, sind selbst Laufspiele für die Kleinsten gut machbar.

In diesem Kapitel gibt es nun zahlreiche Spiele und andere Angebote, bei denen viel Sand aufgewirbelt wird. Miteinander kommen die Kinder auf engstem Raum so richtig in Bewegung. Spielerisch und mit viel Schwung verbessern sie ihre Kondition, Motorik und Ausdauer. Mithilfe der sportlichen Aktivitäten können sie auch leicht ihre Fähigkeiten entdecken und ihre Grenzen austesten. Damit jedoch alle Kinder ausreichend Energie, jede Menge Bewegungsfreude und nicht zuletzt Erfolgserlebnisse haben, wurde bewusst darauf geachtet, dass die Kinder die Spiele gut durchhalten können und während des Spielverlaufs nicht ausscheiden müssen. Vielmehr sollen die Kinder mit Spiel, Spaß und Bewegung jede Menge Gruppenerfahrungen sammeln, die sich allesamt positiv auf das Wir-Gefühl auswirken und den einzelnen Kindern einfach gut tun.

Schiff Ahoi – Land in Sicht!

Alter: ab 1 Jahr
Material: 1 große Decke oder Betttuch
Hinweis: Sind mehrere Erwachsene anwesend, können mehrere Schiffe gleichzeitig in See stechen. Dementsprechend wird auch eine größere Anzahl an Decken benötigt.

Die Spielleitung und ein weiterer Erwachsener stehen im Sandkasten und schaukeln ein Kind oder gar zwei Kinder in einem Betttuch über dem Sand hin und her und sagen dazu:

> Das Schiff auf dem Meer
> schaukelt hin und her! (3x)
> Wir gehen an Land
> und sind jetzt am Strand!"

Kaum ist der letzte Satz beendet, werden die Kinder mit Schwung im Sandkasten abgesetzt. Sie gehen von Bord und suchen sich einen Platz auf dem Sandkastenrand. Eine weitere Schifffahrt mit ein bis zwei neuen Kindern beginnt.

Seifenblasen – Sandkiste

Alter: ab 1,5 Jahren
Material: 1 Fläschchen Seifenblasen;
evtl. 1 Schaufel

Die Kinder verteilen sich überall im Sand-kasten. Die Spielleitung geht auf dem Sand-kastenrand spazieren und pustet dabei die Seifenblasen kräftig in Richtung Sandkas-ten. Die Kinder im Sandkasten verfolgen die Seifenblasen, um sie eigenhändig in der Luft zerplatzen zu lassen. Die Seifen-blasen außerhalb des Sandkastens sind je-doch frei – die Kinder dürfen ihnen nicht hinterher jagen.

Sandsturm

Alter: ab 2 Jahren
Material: 1 Handtrommel

Die Kinder stehen im Sandkasten mit dem Rücken direkt vor einem bestimmten Sandkastenrand. Sie spielen einen Sand-sturm. Zum Rhythmus des Trommelspiels schaufeln die Kinder vom Platz aus den Sand mit ihren Füßen nach vorne. Umso schneller die Spielleitung trommelt, desto heftiger wird der „Sandsturm", der erst mit einem kräftigen Trommelschlag vorü-berzieht.

Variante für Kinder ab 4 Jahren

Die Spielleitung wählt vier bis sechs Kinder aus, die sich nicht zu nah beisammen mit dem Rücken direkt vor einem bestimmten Sandkastenrand stellen. Alle übrigen Kin-der gehen im Sandkasten in der Nähe des gegenüberliegenden Sandkastenrands so lange spazieren, bis die Spielleitung ein-mal kräftig trommelt. Ruft die Spiellei-tung laut: „Hilfe, ein Sandsturm!", müs-sen die Kinder vom Platz aus den Sand mithilfe ihrer Füße nach vorne schaufeln. Die Kinder, die zu Fuß unterwegs sind, fliehen vor dem gewaltigen Sandsturm, indem sie so schnell wie möglich den Sandkasten verlassen.

In der nächsten Spielrunde tauschen die Kinder, die gerade den Sandsturm darge-stellt haben, mit jeweils einem anderen Kind den Platz.

Ball-Sand-Bad

Ballbäder, die aus jeder Menge kleiner Kunststoffbälle bestehen, animieren bereits die Kleinsten in die Bälle zu springen, mit ihnen zu spielen und sich darin auszutoben. Sie fördern u. a. die Körperwahrnehmung, die Motorik und das Selbstvertrauen. Im Folgenden dürfen die Kinder ein Ballbad mit unterschiedlich großen Softbällen im Sandkasten nehmen und dabei so ganz nebenbei den weichen warmen Sand auf ihrer Haut spüren.

Alter: ab 2 Jahren
Material: jede Menge Softbälle; evtl. große Schaumstoffelemente
Vorbereitung: Die Spielleitung gibt jede Menge Softbälle in den Sandkasten, sodass diese den Sand nach Möglichkeit bedecken. Die Kinder ziehen nach Möglichkeit ihre Schuhe und Strümpfe aus.

Hinweis: Falls nicht so viele Bälle vorhanden sind, kann der Spielbereich im Sandkasten z. B. durch große Schaumstoffelemente begrenzt werden.

Miteinander krabbeln die Kinder in das Ball-Sand-Bad. Sie werfen die Bälle, schieben die Bälle hin und her oder toben einfach im Sandkasten zwischen den Bällen herum. Bestimmt fallen den Kindern noch viele andere schöne Dinge ein, die sie im Ball-Sand-Bad machen können.

Trommelstopp

Alter: ab 2 Jahren
Material: 1 Handtrommel
Vorbereitung: Die Kinder ziehen, falls es draußen schön warm ist, ihre Schuhe und Strümpfe aus.

Die Spielleitung bildet mit den Kindern einen Kreis im Sandkasten und macht ihnen zu Spielbeginn ein paar Sachen vor (z. B. auf dem Sand hüpfen, mit einem Fuß in den Sand eintauchen oder mit einem Fuß über den Sand streichen, Sand über den Arm/Fuß rieseln lassen), welche die Kinder sofort nachahmen.
Wurden ein paar Ideen ausprobiert, beginnt das Trommelspiel.

Zum Rhythmus der Trommel laufen alle Kinder auf der Stelle. Stoppt die Spielleitung das Trommeln, ruft sie irgendein Kind auf, das den anderen etwas im Sandkasten vormachen darf. Die Kinder ahmen alles so lange nach, bis das Trommeln wieder erklingt und eine neue Spielrunde beginnt.

Ballspiel im Sand

Ein Ball lädt Kinder zum Bewegen und Ideen entwickeln ein. Ein tolles Erlebnis ist das Ballspiel auf dem weichen Sand, das sich besonders gut an einem warmen Sommertag anbietet.

Alter: ab 2,5 Jahren
Material: 2–3 Wasserbälle
Vorbereitung: Die Kinder ziehen ihre Schuhe und Strümpfe aus. Die Spielleitung bläst die Wasserbälle auf und verschließt sie.
Hinweis: Damit die Spielleitung bei diesem Spiel nicht ständig in Bewegung ist, sollten nach Möglichkeit ein paar Erwachsene helfen die Bälle, die außerhalb des Sandkastens landen, einzusammeln.

Die Kinder verteilen sich im Sandkasten. Nach und nach wirft die Spielleitung die aufgeblasenen Wasserbälle von verschiedenen Seiten in den Sandkasten. Die Kinder spielen mit den Bällen, indem sie diese z. B. in die Luft werfen, vor sich her kicken oder einfach so zum Spaß kreuz und quer rollen. Bälle, die aus dem Sandkasten gelangen, werden von der Spielleitung eingesammelt und wieder in den Sandkasten geworfen.

Eistüten-Strandtanz

An einem schönen warmen Sommertag, bietet sich der folgende Eistüten-Tanz geradezu an.

Alter: ab 2,5 Jahren
Material: pro Kind 1 hellbraunes Tonpapier (DIN A4); 1 Klebstift, 1 Tacker, 1 Handtrommel;
evtl. pro Kinderpaar 1 Band (Tuch, Schal, Klettband o. Ä.)

Vorbereitung: Die Spielleitung macht für jedes Kind eine Eistüte, indem sie den Bastelkarton an einem spitzen Ende zusammen nimmt und diesen zu einer Tüte aufdreht. Die übereinanderstehenden Seiten klebt sie zusammen und tackert sie zusätzlich fest. Die Kinder ziehen, falls es draußen schön warm ist, ihre Schuhe und Strümpfe aus.

Die Kinder verteilen sich im Sandkasten und bekommen jeweils eine Eistüte, die sie bis zum Rand mit trockenem Sand füllen. Zum Rhythmus des Trommelspiels tanzen nun die Kinder barfüßig im Sandkasten herum. Dabei halten sie ihre Eistüten in der Hand. Nach ein bis zwei Minuten endet der Eistüten-Tanz und die Kinder bleiben stehen. Sie vergleichen den Inhalt ihrer Eistüten und sind gespannt, wer von ihnen noch besonders viel Eis bzw. Sand in der Waffeltüte hat.

Variante für Kinder ab 4,5 Jahren

Die Kinder veranstalten einen Eistüten-Dreibein-Tanz. Immer zwei Kinder stellen sich direkt nebeneinander. Die Spielleitung bindet jedem Paar zwei Beine in Höhe des Knöchels zusammen. Miteinander tanzen die Paare im Takt zur Trommel im Sandkasten herum und halten ihre Eistüten, die mit Sand gefüllt sind, gut fest. Welches Paar wird wohl am Ende die größte Menge Eis bzw. Sand in der Waffeltüte haben?

S(tr)andlauf

Alter: ab 3 Jahren
Material: 1 Handtrommel

Die Kinder verteilen sich im Sandkasten. Zum Rhythmus des schnellen Trommelspiels machen sie einen Strandlauf. Stoppt das Trommelspiel, bleiben sie sofort regungslos stehen. Das Kind, das am schnellsten ruhig stehen bleibt, erhält die Handtrommel und eröffnet eine neue Spielrunde.

Variante für Kinder ab 2,5 Jahren

Zum Rhythmus des Trommelspiels läuft ein Kind im Sandkasten herum. Stoppt das Trommeln, wählt es ein Kind aus, das gleich im Takt der Trommel mitlaufen darf. Nach dem nächsten Trommelstopp wählen beide Kinder jeweils ein Kind aus, sodass dann vier Kinder im Sandkasten sind. Das Spiel ist aus, sobald alle Kinder im Takt zur Trommel im Sandkasten kreuz und quer herumlaufen.

Strandtanz

Der Strandtanz sollte möglichst barfuß durchgeführt werden. Aus diesem Grund bietet sich das Spiel an einem warmen Sommertag besonders gut an.

Alter: ab 3 Jahren
Material: 3 Sandeimer;
evtl. 1 Handtrommel
Vorbereitung: Die Kinder ziehen ihre Schuhe und Strümpfe aus. Die Spielleitung stellt nebeneinander drei Eimer mit der Öffnung nach unten auf den Sandkastenrand.

Die Spielleitung kniet sich außerhalb des Sandkastens vor den mittleren Eimer und wählt zwei weitere Kinder aus, die sich ebenfalls vor einem freien Eimer hinknien und zwar so, dass sie ebenfalls in Richtung Sandkasten blicken.

Die Eimer stellen nun Trommeln dar. Mit den Händen trommelt die Spielleitung einen einfachen Rhythmus, den die beiden Kinder sofort nachahmen. Alle übrigen Kinder tanzen barfuß im Takt zur Trommel im Sandkasten herum. Nach einer Weile stoppt das Trommeln. Die beiden Trommelkinder tauschen mit jeweils einem weiteren Kind ihren Platz. Eine neue Spielrunde beginnt, bei der die Spielleitung einen anderen Rhythmus vorspielt.

Variante für Kinder ab 2 Jahren

Die Spielleitung holt sich eine Trommel und bildet mit den Kindern im Sandkasten einen Kreis. Zum Rhythmus des Trommelspiels tanzt sie gemeinsam mit den Kindern links im Kreis herum. Stoppt das Trommelspiel, bleiben alle stehen. Sobald die Spielleitung wieder trommelt, tanzen alle im Takt in die andere Richtung – bis zum nächsten Stopp …

Stopp und Plumps!

Je öfter bei diesem Spiel der Trommelschlag kurz hintereinander erfolgt, desto bewegungsintensiver und lustiger wird das Spiel.

Alter: ab 3 Jahren
Material: 1 Handtrommel

Zum Rhythmus des Trommelspiels laufen alle Kinder im Sandkasten herum. Sobald die Trommel verstummt, lassen sich alle Kinder so schnell wie möglich mit dem Po auf den Sand plumpsen. Ertönt das Trommelspiel erneut, beginnt eine neue Spielrunde.

Variante für Kinder ab 2 Jahren

Die Kinder gehen Hand in Hand im geschlossenen Kreis links herum. Sobald jedoch die Spielleitung in der Kreismitte einmal kräftig auf die Trommel schlägt, lassen sich alle Kinder auf ihren Po plumpsen.

StraßenfegerInnen

Alter: ab 3 Jahren
Material: 2–6 kleine Besen (Länge 80–90 cm) o. Ä., 1 Stoppuhr oder Uhr mit Sekundenzeiger
Vorbereitung: Die Kinder streuen jede Menge Sand auf den Sandkastenrand.

Zwei bis sechs Kinder erhalten jeweils einen Straßenbesen und spielen die SandkastenfegerInnen, die auf ihren Einsatz warten. Alle übrigen Kinder verfolgen im Sandkasten gespannt den weiteren Spielablauf. Auf ein Startzeichen der Spielleitung hin, müssen nun die Kinder mit ihren Besen den Sand auf dem Rand so schnell wie möglich in Richtung Sandkasten kehren. Die Spielleitung stoppt die Zeit, sobald die Aufgabe nach ihrer Meinung gut erfüllt ist. In der nächsten Spielrunde wiederholen 2–6 andere Kinder das Spiel, mit dem Ziel den Sand noch schneller in den Sandkasten zu fegen.

Variante für Kinder ab 4,5 Jahren

Immer vier Kinder treten gegeneinander an, indem sie jeweils ein Stück vom Sandkastenrand erhalten. Auf ein Zeichen der Spielleitung hin, müssen sie so schnell wie möglich den Sand, der auf ihrem Gebiet liegt, in Richtung Sandkasten kehren. Dasjenige Kind, das besonders schnell die Aufgabe erfüllt, ist der superschnelle Sandkastenfeger oder die besonders flinke Sandkastenfegerin!

Auf den Sandkastenrand, los!

Alter: ab 3,5 Jahren
Material: 1 Handtrommel; evtl Sandformen

Zum Rhythmus des Trommelspiels laufen alle Kinder im Sandkasten herum. Stoppt die Trommel, laufen alle Kinder so schnell wie möglich in Richtung Sandkastenrand. Eines von denjenigen Kindern, das am schnellsten auf dem Sandkastenrand sitzt, erhält die Trommel. Es eröffnet eine neue Spielrunde, sobald die übrigen Kinder wieder im Sandkasten stehen.

Variante

Nach jeder Spielrunde muss dasjenige Kind, das als Letztes auf dem Sandkastenrand sitzt, ein Pfand abgeben. Das kann z. B. eine Haarspange, ein Halstuch oder einfach eine Sandform sein. Nach drei bis vier Spielrunden müssen die betreffenden Kinder ihr Pfand wieder einlösen, indem sie z. B. im Sandkasten einmal im Kreis herum hüpfen oder möglichst schnell ihre Füße im Sand vergraben.

Sandkasten-Clowns

Alter: ab 3,5 Jahren
Material: pro Kind 1 alter bunter Hut,
Geschenkband (ca. 1 m lang) und
1 Sicherheitsnadel; evtl. Theaterschminke,
1 Handtrommel
Vorbereitung: Die Kinder spielen Clowns
und setzen sich z. B. jeweils einen alten
bunten Hut auf. Das Geschenkband bindet die Spielleitung zu Schleifen, welche
sie am Halsausschnitt von den Kindern
befestigt. Wer möchte, bekommt einen
roten Punkt auf die Nase gemalt und rote Lippen geschminkt. Großflächig um den
roten Mund herum, kann zudem weiße
Farbe aufgetragen werden. Drum herum
kann ein schwarzer Rand und in kräfti-
gem Rot können noch zwei rote Apfel-
bäckchen geschminkt werden.

Die Kinder gehen der Reihe nach auf dem
Sandkastenrand spazieren. Ist ein kräftiger
Trommelschlag durch die Spielleitung zu
hören, tun sie so, als würden sie über ihre
eigenen Füße stolpern. Sie lassen sich in
Richtung Sandkasten fallen und landen
auf dem Po, auf den Knien oder gar auf
dem Bauch. Im Sandkasten machen sie
jede Menge Unsinn, indem sie z. B. aufeinander zulaufen, zusammenstoßen und
hinfallen. Das geht so lange, bis die Spielleitung durch einen kräftigen Trommelschlag das Ganze beendet.

Variante für Kinder ab 4,5 Jahren
Der Sandkasten ist die Zirkusmanege. Immer zwei Clowns dürfen dem hochverehr-
ten Publikum, den Kindern, die auf dem
Sandkastenrand sitzen, eine Clownsnum-
mer vorspielen. Das Spiel ist aus, sobald
alle Clown-Paare einmal an der Reihe gewesen sind.

Wettlauf durch die Wüste

Alter: ab 3,5 Jahren
Material: 1 Handtrommel

Die Kinder verteilen sich auf dem Sandkastenrand. Zwei Kinder begeben sich in den Sandkasten, die Wüste. Sie stellen sich direkt gegenüber neben jeweils einem Kind, das auf dem Sandkastenrand steht. Auf ein Startzeichen der Spielleitung hin laufen beide im Uhrzeigersinn so schnell wie möglich entlang der Kinder, die auf dem Sandkastenrand stehen. Dasjenige Kind, das als Erstes wieder direkt neben seinem Ausgangskind steht, hat den Wüstenlauf ausgesprochen schnell hinter sich gebracht und erhält als Erstes einen kräftigen Applaus! Beide Kinder wechseln ihre Plätze mit zwei neuen Kindern, welche den Wüsten-Wettlauf wiederholen.

Variante für Kinder ab 2 Jahren
Zum Rhythmus des Trommelspiels laufen alle Kinder in der Wüste bzw. im Sandkasten herum. Stoppt das Trommeln, ist der Wüstenlauf beendet.

Am Strand joggen

An einem schönen warmen Tag wollen wir gemeinsam durch den Sand joggen. Hin und wieder machen wir eine Atempause, um die Landschaft zu genießen. Dabei gibt es viele schöne Dinge zu entdecken …

Alter: ab 3,5 Jahren
Material: 1 Handtrommel, 5–6 Bilder mit S(tr)andmotiven (Kalenderblätter, Illustrierten o. Ä.)

Die Spielleitung holt sich eine Trommel, klemmt sich ein paar Bilder mit S(tr)andmotiven unter einen Arm und stellt sich in den Sandkasten. Zum Rhythmus des Trommelspiels läuft die Gruppe hinter der Spielleitung her. Stoppt das Trommeln, wendet sie sich zu der Gruppe und hält ein Bild in die Luft. Die Kinder schauen auf das Kalenderblatt und berichten, was sie gerade auf dem Bild sehen. Die Spielleitung legt das Bild zur Seite und joggt wieder gemeinsam mit den Kindern im Sandkasten herum. Der Rhythmus des Trommelspiels bestimmt das Lauftempo. Das Spiel ist aus, sobald alle Bilder zum Einsatz gekommen sind.

Flohhopser im Sandkasten

Alter: ab 3,5 Jahren
Material: 1 Handtrommel; evtl. pro Kind 1 Schaufel, 1 Gießkanne, Wasser
Vorbereitung: s. „Entenspuren" (S. 10)
Die Kinder suchen sich einen Platz im Sandkasten aus und bauen mithilfe der Spielleitung ein paar kleine Mauern aus Sand, die ca. 10 cm hoch sind.

Zum Rhythmus des Trommelspiels laufen alle Kinder um die einzelnen Mauern aus Sand herum. Stoppt das Trommeln, hüpfen sie über die einzelnen kleinen Mauern. Das geht so lange, bis das Trommelspiel wieder einsetzt und eine neue Spielrunde beginnt. Nach drei bis vier Durchgängen prüfen sie nach, ob noch alle Mauern stehen. Sollten mehr als die Hälfte der Mauern im Sandkasten zu sehen sein, haben sie ihre Aufgabe mit Bravour gemeistert.

Backe, backe, schnell!

Die Bäckerei hat einen Großauftrag erhalten und muss ganz viele Kuchen backen.

Alter: ab 3,5 Jahren
Material: pro Kind 1 Sandform; evtl. 1 Stoppuhr oder Uhr mit Sekundenzeiger

Alle Kinder erhalten jeweils eine Sandform von der Spielleitung. Sie verteilen sich im Sandkasten und legen los, sobald das Startzeichen durch die Spielleitung erfolgt. In Windeseile backen sie auf dem Sandkastenrand möglichst viele Kuchen, indem sie den Sand in die Förmchen füllen und diesen aus den Förmchen auf den Sandkastenrand stürzen. Den Vorgang wiederholen sie so lange, bis die Spielleitung das Spiel nach einer Minute abbricht. Die Kinder zählen ihre Sandkuchen und wollen in der nächsten Spielrunde sicherlich eine größere Anzahl an Sandkuchen backen.

Variante für Kinder ab 4,5 Jahren

Welche Bäckerei erhält den Großauftrag? Zwei Gruppen suchen sich jeweils eine Stelle des Sandkastenrands aus, auf dem sie möglichst viele Sandkuchen backen können. Auf los, geht's los! Nach einer Minute ist das Spiel aus. Jede Gruppe zählt ihre gebackenen Sandkuchen und ist gespannt, ob sie den Großauftrag in der Tasche hat.

Ich hüpfe zu dir!

Alter: ab 4 Jahren

Alle Kinder sitzen auf dem Sandkastenrand und schauen in Richtung Sandkasten. Eines von den Kindern bestimmt laut eine Fortbewegungsart, z. B. auf einem Bein hüpfen, krabbeln, in der Hocke laufen … und wählt ein weiteres Kind aus, das möglichst weit von ihm entfernt sitzt. Auf ein Startzeichen der Spielleitung hin tauschen nun beide Kinder so schnell wie möglich die Plätze, indem sie in den Sandkasten springen und z. B. auf einem Bein hüpfend ihre Plätze wechseln. Dasjenige Kind, das als Erstes sein Ziel erreicht

und auf dem Sandkastenrand sitzt, benennt eine neue Fortbewegungsart, z. B. auf allen Vieren krabbeln oder im Seitgalopp springen. Es wählt ein Kind möglichst weit von ihm entfernt aus, mit dem es dann den Platz tauscht.

Variante für Kinder ab 2 Jahren

Alle Kinder sitzen auf dem Sandkastenrand. Ein Kind beginnt und läuft, hüpft, springt oder geht rückwärts zu einem Kind seiner Wahl, mit dem es den Platz tauscht. Das neue Kind sucht sich wiederum ein anderes Kind aus, zu dem es vielleicht auf allen Vieren krabbelt. Das Spiel ist aus, sobald alle Kinder zumindest einmal miteinander ihre Plätze tauschen konnten.

Heißer Sandstrand

Die Sonne scheint auf den Sandstrand, der sich rasch erwärmt und bald sehr heiß ist. Umso schneller müssen nun die kleinen StrandbesucherInnen in Richtung Wasser laufen, um ihre Füße zu kühlen.

Alter: ab 4 Jahren
Material: 1 Plastikwanne o. Ä., Wasser, 1 Stoppuhr oder Uhr mit Sekundenzeiger
Vorbereitung: Die Spielleitung füllt eine große Plastikwanne bis zur Hälfte mit Wasser und stellt die Wanne hinter dem Sandkastenrand ab. Die Kinder ziehen ihre Schuhe und Strümpfe aus.

Die Gruppe stellt sich gegenüber der Wanne hinter dem Sandkastenrand in einer Reihe auf. Erfolgt das Startzeichen durch die Spielleitung, läuft das vorderste Kind in Richtung Sandkasten, der den heißen Sandstrand darstellt. Es läuft so schnell wie möglich in Richtung Meer bzw. zu der Wanne, um die Füße mit den Händen nass zu machen und somit mit dem Wasser zu kühlen. Es stellt sich hinter die Wanne und winkt das nächste Kind aus der Gruppe herbei, das das Spiel auf die gleiche Art wiederholt und sich dann direkt vor das Ausgangskind stellt. Das Spiel ist beendet, sobald alle Kinder hinter der Wanne in einer Reihe stehen. Die Spielleitung stoppt die Zeit. Mit etwas Glück erreichen die Kinder in der nächsten Spielrunde noch schneller das Meer.

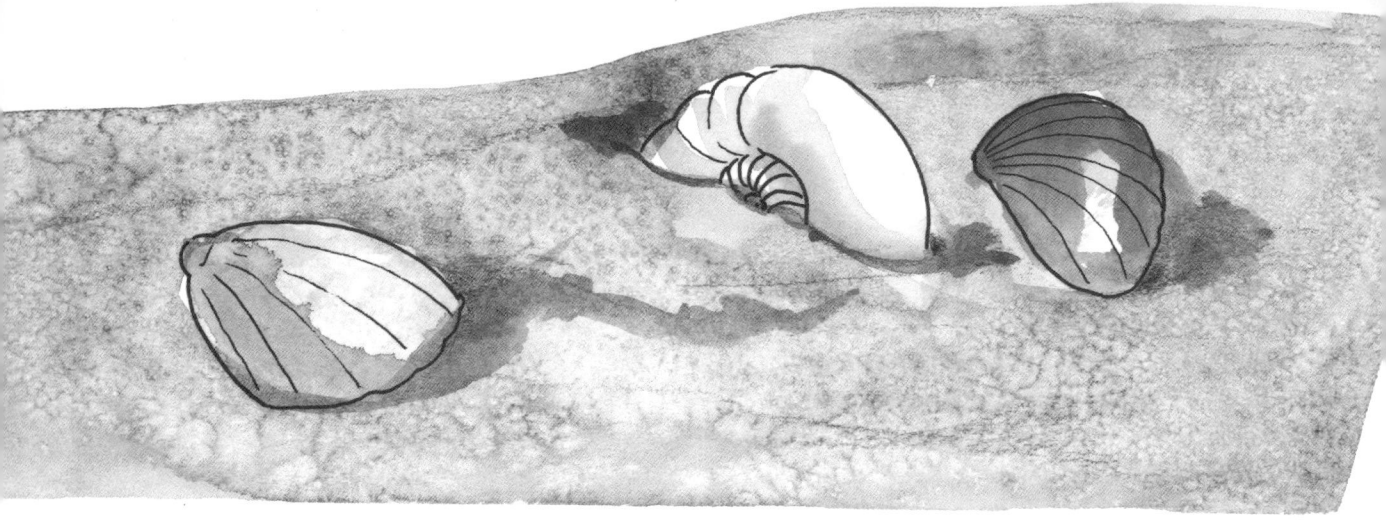

Auf Muschelsuche

Alter: ab 4 Jahren
Material: pro Kind 1 Sandeimer; jede
Menge Muscheln oder andere kleine
Naturmaterialien, wie z. B. Steine und
Eicheln
Vorbereitung: Die Spielleitung verteilt
jede Menge Muscheln (Steine, Eicheln
o. Ä.) im Sandkasten.

Die Kinder erhalten von derSpielleitung
jeweils einen Sandeimer und stellen sich
um den Sandkasten herum. Auf ein Startzeichen der Spielleitung laufen die Kinder
so schnell wie möglich in Richtung Sandkasten, um die Muscheln wieder einzusammeln. Am Schluss zählen die Kinder
die Muscheln in jedem Eimer. Welches
Kind hat am Ende die Nase vorne und somit die meisten Muscheln gesammelt?

Variante für Kinder ab 1,5 Jahren

In der Sandkastenmitte steht ein Sandeimer. Die Muscheln sind überall im Sandkasten verteilt. Die Kinder erhalten die
Aufgabe, die Muscheln zu holen und in
den Eimer zu legen. Werden die Kinder
alle Muscheln finden? Die Spielleitung
kontrolliert den Sandkasten und gibt ge-
gebenenfalls Hinweise, damit die Kinder
auch alle Muscheln finden.

Platzwechsel, los!

Alter: ab 4 Jahren
Material: für alle Kinder 1 kleines
Sitzkissen o. Ä.

Die Kinder erhalten eine Sitzunterlage,
suchen sich einen Platz und setzen sich
rundum auf den Sandkastenrand. Dabei
achten sie darauf, dass auf jeder Seite
genügend Kinder sitzen. Ein Kind legt
sein Kissen zur Seite, stellt sich in die
Sandkastenmitte und überlegt sich ein
paar Aufgaben, welche die sitzenden Kinder am Platz gut durchführen können,
z. B. mit den Füßen stampfen, mit den
Händen einen Sandhaufen machen oder
den Sand zwischen den Fingern rieseln
lassen … Die Kinder befolgen jede Anweisung so lange, bis das Kind plötzlich
„Platzwechsel, los!" ruft. Alle Kinder laufen durch den Sand und wechseln so
schnell wie möglich ihre Plätze. Dabei
sucht sich das Ausgangskind ebenfalls eine
freie Sitzunterlage auf dem Sandkastenrand. Dasjenige Kind, das keine freie
Sitzunterlage ergattern kann, startet die
neue Spielrunde …

Variante für Kinder ab 2,5 Jahren

Alle Kinder legen ihre Sitzunterlagen auf den Sandkastenrand. Die Spielleitung stellt sich in den Sandkasten und macht etwas mit Sand vor, das die Kinder vom Platz aus gut nachahmen können. Ruft sie jedoch „Platzwechsel, los!", müssen alle Kinder sich einen neue Sitzunterlage auf dem Sandkastenrand suchen.

Sandkasten-Wettlauf

Alter: ab 4,5 Jahren
Material: 1 Sandeimer o. Ä.,
1 Trillerpfeife, 1 Stoppuhr oder Uhr mit Sekundenzeiger
Vorbereitung: Die Spielleitung stellt einen umgedrehten Sandeimer als Markierungskegel auf den Sandkastenrand.

Die Kinder stellen sich außerhalb des Sandkastens neben dem Markierungskegel in einer Reihe auf. Pfeift die Spielleitung das Spiel an, springt das vorderste Kind auf den Sandkastenrand und läuft einmal um den Sandkasten herum. Wieder am Eimer angekommen, springt es in den Sandkasten und setzt sich in den Sand. Jetzt startet das nächste Kind den Lauf auf die gleiche Art. Erst wenn alle Kinder im Sandkasten sitzen, stoppt die Spielleitung die Zeit. In der nächsten Runde gilt es den Lauf noch schneller hinter sich zu bringen.

Variante

Zwei bis drei Gruppen treten gegeneinander an. Immer, wenn eine Gruppe das Spiel durchgeführt hat, stoppt die Spielleitung die Zeit. Gewonnen hat die Gruppe, die die Aufgabe am schnellsten meistern konnte.

Bis die Flut kommt ...

Bei dem folgenden Spiel brauchen die Kinder Badesachen und vor allem schönes Wetter!

Alter: ab 4,5 Jahren
Material: für alle Kinder mit Ausnahme von vier bis fünf 1 Sandeimer;
1 Handtrommel
Vorbereitung: Die Kinder tragen Badesachen. Bis auf vier bis fünf Kinder bekommen alle jeweils einen Sandeimer, den die Spielleitung bis zur Hälfte mit Wasser füllt.

Alle Kinder außer vier bis fünf Kinder spazieren am Strand bzw. im Sandkasten herum. Die übrigen Kinder verteilen sich mit ihren halbgefüllten Eimern auf dem Sandkastenrand und zwar so, dass zwischen zwei Kindern eine große Lücke als Fluchtweg bleibt. Zum Rhythmus des Trommelspiels, laufen die Kinder im Sandkasten herum. Stoppt das Trommeln, kommt die Flut auf. Diejenigen Kinder, die einen Eimer in den Händen halten, schütten das Wasser in Richtung Sandkasten zu den StrandläuferInnen. Diese Kinder müssen durch die Lücke in Richtung Land laufen, um sich vor der Flut in Sicherheit zu bringen. Alle Kinder, die trocken ihren Zielort erreichen, haben sich gerade noch retten können. Unabhängig davon tauschen sie ihren Platz mit jeweils einem Kind, das auf dem Sandkastenrand steht.

Luftballon flieg davon!

Alter: ab 4,5 Jahren
Material: jede Menge aufgeblasene Luftballons; evtl. 1 Luftballonpumpe,
1 Stoppuhr oder Uhr mit Sekundenzeiger

Eine Hälfte der Kinder geht mit den Luftballons in den Sandkasten, die anderen stellen sich um den Sandkasten herum. Auf das Startzeichen der Spielleitung hin, werfen alle Kinder ihre Luftballons in Richtung Sandkastenrand. Die Kinder, die außerhalb des Sandkastens stehen, müssen rasch die hinausgeflogenen Luftballons einsammeln und wieder in den Sandkasten werfen. Nach einer Minute beendet die Spielleitung das Spiel.
Sind mehr als die Hälfte der Luftballons außerhalb des Sandkastens, hat die Gruppe im Sandkasten gewonnen. Ansonsten gewinnt die andere Gruppe.
Unabhängig davon tauschen beide Gruppen ihre Plätze und wiederholen das Spiel.

Inselflucht

Ein paar Piraten werden auf einer Insel gefangen gehalten. Sie wollen jedoch fliehen und müssen an den Inselwächtern erst einmal vorbeikommen.

Alter: ab 4,5 Jahren

Je nachdem, wie groß der Sandkasten ist, stellen sich vier bis sechs Kinder mit genügend Abstand zueinander als InselwächterInnen auf den Sandkastenrand. Alle übrigen Kinder stellen sich in den Sandkasten und spielen die gefangenen Piraten, die auf ihr Piratenschiff gelangen wollen, das außerhalb des Sandkastens vor Anker liegt. Auf ein Startzeichen der Spielleitung hin müssen die Piraten mit aller Kraft versuchen von der Insel zu fliehen bzw. an den Wächtern vorbei außerhalb des Sandkastens zu gelangen. Das wiederum müssen die Wächter-Kinder auf dem Sandkastenrand verhindern, die jedoch nur auf dem Sandkastenrand laufen dürfen. Wer von den Piraten-Kindern im Sandkasten wird sein Ziel erreichen und zwar ohne, dass es von einem Inselwächter oder Inselwächterin berührt wird? Wurde ein Pirat-Kind gefangen, wird es selbst zu einem Inselwächter oder eine Inselwächterin. Gelingt es einem Piraten-Kind das rettende Schiff zu erreichen?

Schnapp die Sandform!

Alter: ab 4,5 Jahren
Material: für alle Kinder mit Ausnahme von drei jeweils 1 Sandform;
1 Handtrommel
Vorbereitung: Die Kinder verteilen die Sandformen überall im Sandkasten.

Zum Rhythmus des Trommelspiels laufen alle Kinder um die Sandformen herum. Stoppt die Trommel, schnappen sich die Kinder jeweils eine freie Sandform, füllen sie mit Sand und backen die leckeren Sandkuchen auf dem Sandkastenrand. Die drei Kinder, die keine Sandform ergattern konnten, sammeln die Sandformen wieder ein, denn sie dürfen sie für die nächste Spielrunde überall im Sand verteilen. Das Spiel ist erst aus, wenn sich möglichst viele leckere Sandkuchen auf dem Sandkastenrand befinden.

Sieben, buddeln, graben

Aktivitäten rund um Schatzsuche und Forschungsdrang

Im Sandkasten können die Kinder ganz ohne Gefahr ihrem Forschungsdrang nachgehen und so manchen kleinen Schatz entdecken. Mit ganz viel Freude, Ausdauer und Konzentration wird im Sandkasten gebuddelt, dabei voneinander und miteinander gelernt. Neben den typischen Sandspielsachen brauchen die Kinder aber auch Sieb, Lupe & Co., die ihnen nicht nur für angeleitete Spiele und andere Angebote zur Verfügung stehen sollten. Außerdem brauchen sie zum Matschen, Experimentieren und Forschen ausreichend Wasser, z. B. in großen Eimern.

Bei den nachfolgenden Praxisideen kommen kleine und große SchatzsucherInnen und ForscherInnen gleichermaßen auf ihre Kosten. Miteinander wird gebuddelt, gesiebt, gesucht und so manche kleine Kostbarkeit aus der Natur oder gar ein anderer Schatz, der vor Spielbeginn im Sand versteckt wurde, entdeckt. Genauso viel Spaß macht es den Kindern, mit Sand und Wasser zu spielen, zu experimentieren und dabei gemeinsam auf Entdeckungsreise zu gehen. Spielerisch erhalten sie Antwort auf so manche Frage, sodass ihre kindliche Neugierde und ihr großer Wissensdurst gleichermaßen befriedigt werden.

Dose, Küchenrolle & Co.

Alter: ab 1 Jahr
Material: vielfältig verwendbare Dinge aus dem Alltag (z. B. leere Joghurtbecher, Küchenrollen, kleine Kunststoffbehälter mit Deckel)
Vorbereitung: Die Spielleitung platziert jede Menge vielfältig verwendbare Dinge aus dem Alltag überall auf dem Sand.
Hinweis: Es sollten nur solche Dinge ausgewählt werden, mit denen die Kinder sich nicht verletzen oder gar etwas verschlucken können.

Die Kinder setzen sich in den Sandkasten und probieren die Sachen ganz nach Belieben aus. Sie können z. B. im Sand mithilfe eines Bechers graben oder den Sand aus dem Becher rieseln lassen. Sie drehen z. B. die Rolle in den Sand, bevor sie diese mit Sand füllen. Die Kinder haben auch eine spürbar große Freude daran, wenn sie Sand in kleine Kunststoffbehälter sieben, die sie dann kräftig schütteln.
Im Umgang mit den vielfältigen Dingen aus dem Alltag ergeben sich garantiert viele weitere schöne Ideen, welche die Kinder gleich ausprobieren und gegenseitig vorstellen können.

Matschloch

Spiele zum Matschen bieten sich hervorragend im Sommer an, sobald es draußen schön warm ist.

Alter: ab 1 Jahr
Material: Sandschaufeln, Sandformen, 1 Gießkanne, Wasser
Vorbereitung: Die Spielleitung gräbt mit den Kindern in der Sandkastenmitte ein großes Loch, das sie fast bis zum Rand mit Wasser füllen.
Die Kinder werden bis zur Windel ausgezogen bzw. tragen ihre Badesachen.

Das Wasserloch im Sandkasten lädt die Kinder zum Matschen, Spielen und Verweilen im besonderen Maße ein. Die Spielleitung teilt den Kindern ein paar Sandformen aus, mit denen sie z. B. etwas Wasser aus dem Loch schöpfen und in eine andere Sandform gießen. Mit großer Freude und viel Eifer sind die Kinder auch dabei, wenn sie kleckern, den feuchten Sand auf ihren Körper schmieren oder einfach in ihre Sandformen verteilen dürfen.

Ab in die Sandgrube!

Alter: ab 1,5 Jahren
Material: pro Kind 1 Schaufel;
jede Menge kleine Softbälle o. Ä.
Vorbereitung: Die Spielleitung gräbt gemeinsam mit den Kindern in der Mitte vom Sandkasten ein großes Loch. Auf dem Sandkastenrand platziert sie jede Menge kleine Softbälle.

Die Kinder begeben sich in den Sandkasten und erhalten von der Spielleitung die Aufgabe, sich jeweils einen Softball vom Rand zu nehmen und diesen in die Mulde zu rollen. Erst, wenn der Ball im Loch liegt, darf der nächste geholt werden. Das Spiel endet, wenn alle Bälle in der Mulde liegen.

Variante für Kinder ab 4 Jahren

Die Kinder stellen sich auf den Sandkastenrand. Auf ein Zeichen der Spielleitung hin werfen sie von dort aus die einzelnen Bälle in Richtung Loch. Wurden alle Bälle einmal geworfen, zählen alle gemeinsam die Bälle in der Mulde. Das Spiel wiederholen die Kinder noch ein paar Mal, mit dem Ziel möglichst viele Bälle in die Mulde zu treffen.

Wo sind die Sandsachen?

Alter: ab 1,5 Jahren
Material: verschiedene Sandspielsachen, evtl. kleine Tücher
Vorbereitung: Die Spielleitung versteckt im Sandkasten unbemerkt ein paar Sandspielsachen, indem sie über diese etwas Sand schüttet oder sie einfach mit ein paar Tüchern bedeckt.

Die Kinder verteilen sich im Sandkasten und machen sich auf die Suche nach den Sandspielsachen, die sie allesamt auf einen Haufen in die Mitte legen.
Erst, wenn sie alle Sachen gefunden haben, dürfen sie damit im Sandkasten spielen!

Schätze im Sieb

Alter: ab 1,5 Jahren
Material: pro Kind 1 Sieb und 1 kleine Überraschung (Naturmaterialien wie Blüten, Muscheln, Blätter, Steine, Nüsse o. Ä.)
Vorbereitung: Die Spielleitung legt in jedes Sieb eine kleine Überraschung (z. B. eine Blüte, eine Muschel, ein Blatt o. Ä.) und schüttet jede Menge Sand darüber, sodass die kleinen Kostbarkeiten gut mit Sand verdeckt sind.

Die Spielleitung bildet mit den Kindern einen Kreis im Sandkasten und teilt die vorbereiteten Siebe aus. Auf ein Zeichen der Spielleitung hin sieben alle den Sand so lange durch das Sieb, bis die kleinen Überraschungen zu sehen sind. Was gibt es da so alles zu entdecken? Die Spielleitung betrachtet gemeinsam mit den Kindern die einzelnen Dinge und benennt mit ihnen deren Farben und Formen.

Goldtaler ausgraben

Alter: ab 1,5 Jahren
Material: pro Kind 1 Goldstück (Schokotaler)
Vorbereitung: Die Spielleitung vergräbt unauffällig für jedes Kind einen Goldtaler im Sand.
Hinweis: Ein Eimer mit Wasser oder Papiertaschentücher sollten für die mit Schokolade verschmierten Gesichter in Reichweite sein.

Auf ein Zeichen der Spielleitung hin gehen die Kinder miteinander auf Goldsuche und durchwühlen mit den Händen den Sand nach den Goldtalern. Erst wenn alle Taler gefunden wurden, darf jedes Kind einen Schokoladentaler auspacken und genüsslich verspeisen. Guten Appetit!

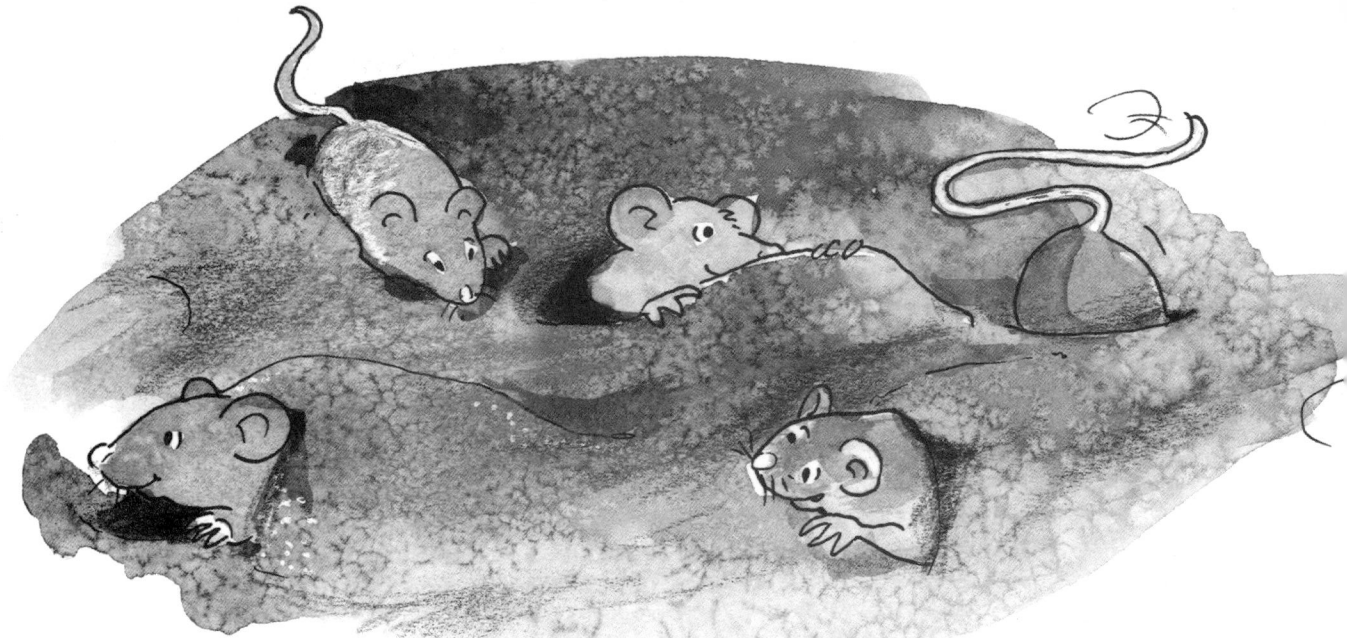

Zuckerbäckerei

Wenn es draußen schön warm ist, können die Kinder den trockenen Sand in ihrer Zuckerbäckerei natürlich gut gebrauchen.

Alter: ab 2 Jahren
Material: pro Kind 1 Sieb und 1 Sandform; 1 großes Holzbrett o. Ä.

Die Kinder füllen ihre Sandformen mit feuchtem Sand, den sie mit ihren Förmchen möglichst tief unten aus dem Sandkasten holen. Dort ist der Sand nämlich nicht ganz so trocken. Den Sand aus den Sandformen stürzen sie auf ein großes Holzbrett, das das Backblech darstellt. Die fertigen Sandkuchen müssen jedoch mit Puderzucker bestreut werden. Die Kinder tragen mit ihrem Sieb etwas Puderzucker bzw. trockenen Sand von der Sandoberfläche ab, und sieben diesen über ihre Kuchen. Am Ende setzen sie sich um den Tisch bzw. das Brett herum und tun so, als ob sie die leckeren mit Puderzucker bestreuten Sandkuchen genüsslich verspeisen würden. Guten Appetit!

Wühlmäuse

Alter: ab 2 Jahren
Material: pro Kind 1 Schaufel; kleine Kostbarkeiten aus der Natur (Zapfen, Blüten, Blätter o. Ä.)
Vorbereitung: Die Spielleitung gräbt mit den Kindern ein großes Loch in den Sand. Sie schütten das Loch wieder zu, indem sie in das Loch Sand und hin und wieder ein paar Kostbarkeiten aus der Natur geben.

Auf ein Zeichen der Spielleitung hin spielen alle Kinder kleine Wühlmäuse, die nun mit den Händen die kleinen Schätze aus der Natur wieder ausgraben. Wer wird wohl gleich den einen oder anderen Naturgegenstand in den Händen halten? Die Kinder graben an der Stelle so lange, bis sie jede Kleinigkeit wiedergefunden haben.

Variante für Kinder ab 3,5 Jahren

Das Spiel verläuft so, wie oben beschrieben. Allerdings sollen die kleinen Wühlmäuse bzw. Kinder nach einem bestimmten Naturgegenstand Ausschau halten. Wer wird wohl den gesuchten Naturgegenstand als Erstes ausbuddeln?

Plitsch, platsch am Wasserloch

Das folgende Spiel sollte an einem warmen Sommertag durchgeführt werden.

Alter: ab 2 Jahren
Material: pro Kind 1 Schaufel;
1 Gießkanne, Wasser
Vorbereitung: Die Kinder ziehen ihre Schuhe und Strümpfe aus und graben mit ihren Schaufeln Löcher im Sandkasten – die Spielleitung füllt sie mit Wasser.

Gibt es genügend Wasserlöcher, setzen sich immer zwei bis drei Kinder um ein mit Wasser gefülltes Loch. Die Spielleitung sagt nun Folgendes:

Plitsch, platsch, plitsch, platsch
die Füße sind nass!

Die Kinder klatschen zu jeder Silbe in die Hände und stampfen vom Platz aus mit ihren Füßen auf die Wasseroberfläche, sodass das Wasser nach allen Seiten spritzt. In der nächsten Spielrunde wiederholt die Spielleitung das Spiel mit einem anderen Körperteil.

Weitere Beispiele

… die Hände sind nass!
… die Finger sind nass!
… die Fäuste sind nass!
… die Ellenbogen sind nass!

Sandlabor

Alter: ab 3 Jahren
Material: Sandeimer, Siebe, kleine Schaufeln, kleine Spaten, Lupendosen, Lupen, Schüsseln etc., 1 Notizblock, Buntstifte, 1 Gießkanne, Wasser

Die Kinder machen aus dem Sandkasten ein riesiges Labor, indem sie Sand mit Wasser z. B. im Verhältnis 1:1 und 1:2 mischen und das eine Sand-Wasser-Gemisch mit dem anderen vergleichen. Zudem können sie den trockenen Sand in einen Behälter sieben und den Inhalt des Siebes mit dem des Behälters vergleichen. Miteinander können sie auch ein tiefes Loch graben und nach jedem Spatenstich mit der Lupe den Sand untersuchen. Die Spielleitung gibt Anregungen und greift auch die Ideen der kleinen SandforscherInnen auf. Die gemachten Erfahrungen und Erlebnisse halten die kleinen ForscherInnen auf einem Notizblatt fest, indem sie einfach so tun, als ob sie schreiben könnten.

Mit den Füßen auf der Suche

Alter: ab 3 Jahren
Material: jede Menge kleine Kostbarkeiten aus der Natur (z. B. Kieselsteine, Muscheln, Hölzer und Pflanzenblätter), 2–3 Augenbinden und 2–3 Sandeimer, 1 Stoppuhr oder Uhr mit Sekundenzeiger, 1 Trillerpfeife
Vorbereitung: Im Sandkasten verteilen die Kinder viele kleine Kostbarkeiten aus der Natur, die sie nicht zu tief in den Sand drücken. Die Kinder müssen ihre Schuhe und Strümpfe ausziehen.

Tief im Tunnel

Alter: ab 3 Jahren
Material: 1 Schaufel; pro Kind 1 kleines Fahrzeug aus Plastik oder Holz

Miteinander bauen alle Kinder einen großen Sandberg mit einem Tunnel, den die Spielleitung oder ein älteres Kind entweder mit der Hand oder einer Schaufel gräbt.

Ein „mutiges" Kind streckt seinen Arm in den Tunnel. Die Spielleitung gibt ihm von der anderen Seite ein kleines Spielzeugauto in die Hand. Das Kind muss das Auto im Tunnel ertasten und herausfinden, ob es sich um ein Rennauto, einen Lastwagen oder gar einen Traktor handelt. Zur Kontrolle darf es den Arm wieder herausziehen und nachschauen. Eine neue Spielrunde mit einem neuen „mutigen" Kind beginnt. Sobald jedoch alle Kinder an der Reihe waren, nehmen sie zum Spielen ihre kleinen Autos und Züge, mit denen sie natürlich auch durch den Tunnel fahren können.

Zwei bis drei freiwillige Kinder erhalten jeweils einen leeren Eimer und bekommen die Augen verbunden. Die anderen setzen sich an den Rand und rufen auf ein Startzeichen der Spielleitung hin laut: „Los, sucht alles, rasch!" Die Kinder ertasten blind mit ihren Füßen möglichst viele Naturgegenstände und legen sie in ihre Eimer. Nach einer Minute Spielzeit pfeift die Spielleitung das Spiel ab. Die Kinder nehmen ihre Augenbinden ab und zählen die gefundenen Sachen. Das Kind mit den meisten Naturgegenständen im Eimer hat gewonnen! Eine neue Spielrunde mit anderen Kindern beginnt.

Schatzsuche

Alter: ab 3 Jahren
Material: pro Kind 1 Schaufel oder
1 Spaten; 1 kleine mit vielen Schätzen
(Edelsteine, Schokotaler, Perlen o. Ä.)
gefüllte Truhe
Vorbereitung: Die Spielleitung versteckt
im Sand heimlich eine kleine mit vielen
Schätzen gefüllte Truhe

Die Spielleitung teilt die Kinder in zwei
Gruppen ein. Erfolgt das Startzeichen durch
die Spielleitung, springen alle Kinder aus-
gerüstet mit Schaufeln und Spaten in den
Sandkasten, um sich auf die Suche nach
dem Schatz zu machen. Sie graben so lange, bis eines von ihnen den Schatz gefunden hat. Das Kind darf sich mit seiner
Gruppe zur Belohnung jeweils einen
Edelstein aus der Truhe nehmen. Eine
neue Spielrunde beginnt, bei der die Spielleitung erneut die Truhe mit den Edelsteinen unbemerkt im Sand vergräbt. Das
Spiel ist aus, sobald jede Gruppe mindes-
tens einmal den Schatz finden konnte.

Variante für Kinder ab 2 Jahren
Miteinander graben die Kinder so lange
im Sand, bis eines von ihnen den Schatz
findet. Es öffnet die Truhe und teilt die
gesamte Beute gerecht mit allen! In diesem Fall dürfen die Kinder z. B. ihre
Schokotaler behalten und verspeisen.

Alle Hände sind verschwunden!

Alter: ab 3 Jahren
Material: 1 Handtrommel

Zum Rhythmus des Trommelspiels laufen
alle Kinder im Sandkasten herum. Stoppt
die Spielleitung das Trommeln und ruft
„Alle Hände sind verschwunden!", bleiben die Kinder sofort stehen und tauchen
beide Hände in den weichen Sand. Die
Spielleitung lobt ein bis zwei Kinder, welche die Aufgabe besonders schnell und gut
gemeistert haben, mit einem kräftigen
Trommelwirbel. Im Anschluss daran ruft
sie laut: „Alle Hände sind wieder da!" Die
Kinder heben ruckartig ihre Arme in die
Luft und winken sich gegenseitig zu. Eine
neue Spielrunde beginnt, bei der wieder
alle Kinder vergnügt im Takt zur Trommel
auf dem weichen Sand dieses Mal auf Anweisung der Spielleitung vielleicht mit
beiden Beinen hüpfen.

Was fehlt?

Alter: ab 3,5 Jahren
Material: 1 kleine Kiste mit Deckel (Schuhschachtel o. Ä.), 4–6 unterschiedliche kleine Naturmaterialien (z. B. 1 Muschel, 1 Kieselstein, 1 Zweig und 1 Blume), 2–3 Augenbinden, Schaufeln
Vorbereitung: Die Spielleitung verteilt vier bis sechs verschiedene Naturmaterialien nicht zu nah beisammen auf dem Sand.

Zwei bis drei Kinder lassen sich von der Spielleitung die Augen verbinden. Ein weiteres Kind legt ein bis zwei von diesen Naturmaterialien in die Schachtel, die von den übrigen Kindern – natürlich verschlossen! – im Sand vergraben wird. Die Spielleitung zählt laut bis drei. Nach der letzten Zahl nehmen die Kinder ihre Augenbinden ab und überlegen gemeinsam, welche Naturmaterialien fehlen. Zur Kontrolle graben sie die Schachtel wieder aus, öffnen den Deckel und schauen nach. Eine neue Spielrunde beginnt mit neuen Kindern, die sich von der Spielleitung die Augen verbinden lassen.

Wer wird Sieb-MeisterIn?

Alter: ab 3,5 Jahren
Material: pro Kind 1 Sieb und 1 gleiche Sandform; 1 Stoppuhr oder Uhr mit Sekundenzeigern, 1 Trillerpfeife

Alle Kinder suchen sich einen Platz im Sandkasten und holen sich jeweils ein Sieb und eine Sandform, die sich von den anderen nicht unterscheidet. Die Kinder stellen ihre Sandformen auf dem Sand ab und halten ihre Siebe in den Händen. Auf ein Startzeichen der Spielleitung hin müssen alle Kinder möglichst viel Sand in ihre Sandformen sieben. Nach drei Minuten pfeift die Spielleitung das Spiel ab. Die Kinder vergleichen den Inhalt ihre Sandformen und sind gespannt, wer von ihnen den meisten Sand in seine Sandform sieben konnte. Das betreffende Kind wird von der Spielleitung als Sieb-MeisterIn geehrt. In der nächsten Spielrunde gibt es eine Revanche, bei der sich wieder alle Kinder um den Titel bemühen.

Maulwurfshügel

Alter: ab 3,5 Jahren
Material: 1 Trillerpfeife, 1 Stoppuhr oder Uhr mit Sekundenzeiger

Jedes Kind sucht sich einen Platz möglichst weit entfernt von den anderen im Sandkasten aus und spielt einen Maulwurf. Erfolgt das Startzeichen durch die Spielleitung, stellen sich alle Maulwurfs-Kinder breitbeinig hin, beugen sich nach vorne und schaufeln den Sand mit ihren Händen nach hinten, sodass sich hinter ihnen ein Sandhaufen bildet. Nach einer Minute pfeift die Spielleitung das Spiel ab und die Kinder vergleichen ihre Maulwurfshügel bzw. Sandhaufen. Das Kind mit dem größten Maulwurfshügel gewinnt das Spiel.

Variante für Kinder ab 4,5 Jahren
Miteinander sollen die Kinder möglichst viele kleine und große Maulwurfshügel so wie oben beschrieben im Sandkasten herstellen. Wie viele Maulwurfshügel werden wohl nach einer Minute im Sandkasten zu finden sein?

Variante für Kinder ab 2 Jahren
Die Kinder bilden einen Sitzkreis im Sandkasten. Jedes Kind erhält ein Sieb und eine Sandform. Die Spielleitung macht den Kindern vor, wie sie den Sand in ihre Sandform siebt. Die Kinder ahmen alles nach. Wer möchte, kann auch hin und wieder etwas Sand in seine Sandform mit den Händen geben. Sind die Sandformen bis zum Rand mit Sand gefüllt, können die Kinder den Sand aus ihren Sandformen auf den Sand stürzten und über ihre Sandkuchen wieder etwas Sand sieben.

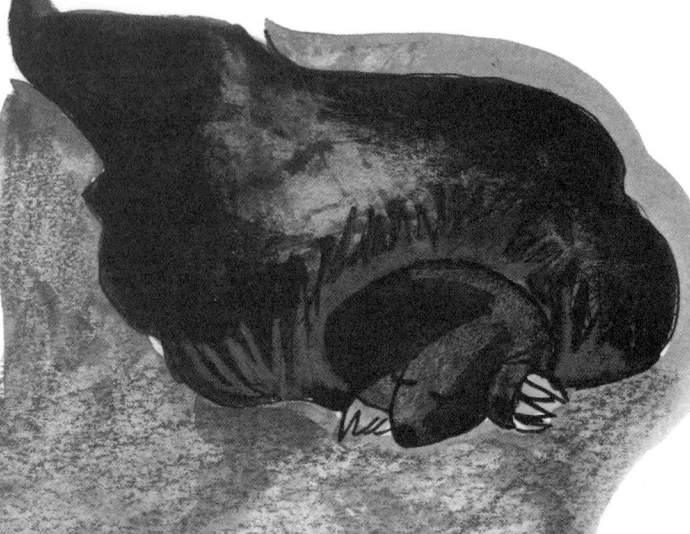

Wo ist mein Edelstein?

Alter: ab 3,5 Jahren
Material: pro Kind 1 Edelstein

Die Kinder wählen jeweils einen bestimmten Edelstein aus, der sich gut von den übrigen unterscheidet. Sie setzen sich auf den Sandkastenrand und schließen ihre Augen. Die Spielleitung nimmt die Edelsteine und vergräbt sie nicht zu tief überall im Sand. Dann bittet sie alle Kinder in den Sandkasten zu springen und nach ihren Edelsteinen zu suchen. Die Kinder graben gemeinsam mit ihren Händen im Sand. Findet ein Kind einen anderen Edelstein, kann es diesen wieder im Sand vergraben. Dasjenige Kind, das als Erstes seinen Edelstein findet, gewinnt das Spiel. Alle übrigen Kinder spielen um die weiteren Plätze. Das Spiel ist aus, sobald alle Kinder wieder ihren ursprünglichen Edelstein in der Hand halten.

Variante für Kinder ab 2,5 Jahren
Die Spielleitung vergräbt im Sand ein paar Edelsteine. Die Kinder machen sich gemeinsam auf die Suche. Werden sie alle Edelsteine im Sand finden?

Schätze vergraben

Alter: ab 4,5 Jahren
Material: pro Kind 3 Spielsteine als Schätze (Edelsteine, Kiesel, Kastanien o. Ä.); 1 Schaufel, 1 großer Schaumstoffwürfel

Die Kinder bilden einen Sitzkreis im Sandkasten und erhalten von der Spielleitung als Schätze jeweils drei Spielsteine. Eines von den Kindern würfelt und zählt entsprechend der gewürfelten Augenzahl nacheinander die Kinder die links neben ihm im Kreis sitzen. Das Kind, auf das es als Letztes deutet, darf einen von seinen Schätzen in der Kreismitte verbuddeln. Es nimmt dann den Würfel und setzt das Spiel auf die gleiche Art fort. Das Kind, das am schnellsten seine drei Steine vergraben konnte, hat gewonnen! Alle anderen spielen um die weiteren Plätze. Wurden alle Edelsteine vergraben, beginnt das Spiel erneut. Allerdings müssen die Kinder jetzt die Edelsteine auf die gleiche Weise wieder ausgraben. Wer wird wohl als Erstes wieder drei Edelsteine vor sich liegen haben?

Was steckt im Sand?

Alter: ab 4 Jahren
Material: für alle Kinder mit Ausnahme von einem 1 Schaufel; 1–3 Augenbinden

Ein Kind aus der Gruppe lässt sich von der Spielleitung die Augen verbinden. Ein weiteres Kind setzt oder legt sich auf den Sand. Die Spielleitung deutet auf ein bestimmtes Körperteil, wie z. B. den linken Fuß. Alle übrigen Kinder müssen nun blitzschnell den linken Fuß des Kindes vergraben. Ist der Fuß gut mit Sand bedeckt, muss das Kind mit der Augenbinde herausfinden, welches Körperteil von dem Kind im Sand steckt. Es tastet blind das betreffende Kind ab und gibt einen Tipp ab. Zur Kontrolle nimmt es die Augenbinde ab und tauscht mit einem anderen Kind die Rolle, welchem die Spielleitung nun die Augen verbindet.

Variante ab 4,5 Jahren

Das Spiel verläuft so wie oben beschrieben, jedoch verbindet die Spielleitung zwei bis drei Kindern die Augen, die sich blind auf die Suche nach dem gesuchten Körperteil machen. Wer findet zuerst heraus, wie der gesuchte Körperteil heißt? Das betreffende Kind gewinnt das Spiel und wählt zwei bis drei weitere Kinder aus, die eine neue Spielrunde mit verbundenen Augen beginnen. Es selbst tauscht den Platz mit dem Kind, das im Sandkasten sitzt oder liegt.

Hand, Fuß oder...?

Alter: ab 4 Jahren

Alle Kinder sitzen beisammen in einem großzügigen Kreis im Sandkasten. Auf ein Zeichen der Spielleitung hin müssen sie ein Körperteil (z. B. Hand, Unterarm, Fuß, Finger ...), das die Spielleitung laut benennt, im Sand vergraben. Das schnellste Kind darf eine neue Spielrunde eröffnen, indem es z. B. laut ruft: „Wer buddelt rasch seinen Unterarm im Sand ein?"

Variante für Kinder ab 2 Jahren

Miteinander dürfen die Kinder einen bestimmten Körperteil, wie z. B. jeweils einen Daumen im Sand vergraben. Wurde die Aufgabe von allen Kindern gelöst, benennt die Spielleitung einen neuen Körperteil, wie z. B. den Fuß.

Fußbefreiung!

Alter: ab 4,5 Jahren
Material: 1 Stoppuhr oder Uhr mit Sekundenzeiger

Die Kinder bilden drei gleich große Gruppen. Zwei Gruppen buddeln sich im Sitzen oder Stehen die Füße im Sand ein. Die dritte Gruppe verteilt sich auf dem Sandkastenrand. Auf ein Startzeichen der Spielleitung hin, springen die Kinder aus der dritten Gruppe in den Sandkasten, um möglichst schnell die Füße der Kinder im Sandkasten auszugraben. Wurden die Füße eines Kindes freigelegt, stellt es sich auf den Sandkastenrand. Stehen alle Kinder der ersten und zweiten Gruppe auf dem Sandkastenrand, stoppt die Spielleitung die Zeit.

Nun wechselt die zweite Gruppe mit der dritten Gruppe die Rolle. Und in der dritten Spielrunde wechselt die erste Gruppe mit der zweiten Gruppe die Rolle. Welche Gruppe konnte wohl am schnellsten die Füße von den Kindern ausgraben?

Variante für Kinder ab 2 Jahren
Die Kinder graben die Füße der Spielleitung ein und möglichst schnell wieder aus. Dabei feuert die Spielleitung die Kinder an.

Wer gräbt ein tiefes Loch?

Alter: ab 4,5 Jahren
Material: 1 Stoppuhr oder Uhr mit Sekundenzeiger

Die Kinder suchen sich einen Platz im Sandkasten aus. Ruft die Spielleitung „Hände!", graben die Kinder mit beiden Händen so schnell wie möglich ein tiefes Loch. Nach einer Minute Spielzeit bricht die Spielleitung das Spiel ab. Das Spiel gewonnen hat das Kind, das am tiefsten graben konnte. Die Kinder schütten ihre Löcher wieder mit Sand zu und starten eine neue Spielrunde, bei der sie z. B. mit den Füßen, den Ellenbogen oder gar nur mit einem Finger ein möglichst tiefes Loch graben sollen.

Nach ein paar Spielrunden erhalten die Kinder die Aufgabe mit ihrem Po eine Mulde in den Sand zu machen. Wer wird jetzt gleich in der tiefsten Mulde sitzen?

Berge, Burgen, Tunnel & Co.

Spiele und andere Angebote mit Bauwerken

Der Sandkasten im Freien lässt sich mit etwas Fantasie und Kreativität leicht in eine große Baustelle verwandeln, die Jungen und Mädchen gleichermaßen anspricht. Mithilfe von Mauerkellen, Schaufeln und anderem Handwerkszeugs werden Bauwerke aus Sand oder lediglich aus Sandformen in kurzer Zeit hergestellt, die relativ schnell von den Kindern wieder verändert oder gar entfernt werden können, sodass blitzschnell genügend Platz für neue Ideen geschaffen ist.

Im Folgenden werden jede Menge Praxisideen vorgestellt, bei denen Kinder entweder alleine oder mithilfe der Spielleitung einfache Bauwerke aus Sand herstellen, für die es zum größten Teil eine weitere ruhige oder bewegungsintensive Spielidee gibt. In diesem Fall wird das, was die Kinder zunächst aus Sand bauen sollen, unter der Rubrik Vorbereitung aufgeführt. Manchmal entstehen auch erst während des Spielverlaufs schöne Bauwerke. Unabhängig davon, probieren die Kinder aus, wie sie ihre Bauwerke aus Sand konstruieren müssen, damit sie nicht einstürzen. Dabei lernen sie so ganz nebenbei physikalische Gesetzmäßigkeiten und räumliche Zuordnungen, wie z. B. innen und außen, kennen. Bauen und konstruieren im Sandkasten erweitert das Erfahrungsfeld der dritten Dimension (Länge, Breite und Höhe) und fördert im besonderen Maße Fantasie, Ausdauer und Konzentration, die Kinder insbesondere im Hinblick auf die Schule brauchen.

Sandberg

Alter: ab 1,5 Jahren
Material: pro Kind 1 Sandform;
1 Sandeimer

Die Kinder sitzen im Kreis auf dem Sand und erhalten jeweils eine Sandform. Die Spielleitung füllt ihren Eimer mit Sand, leert ihn in der Kreismitte aus und sagt dazu:

*Schaut nur diesen Sandberg an,
wer von uns ist jetzt wohl dran?*

Dabei deutet sie zu jeder Silbe reihum auf die einzelnen Kinder. Das Kind, auf das sie zuletzt zeigt, setzt das Spiel fort, indem es seine Sandform mit Sand füllt und den Inhalt schließlich auf den bereits bestehenden Sandhaufen kippt, der so allmählich immer größer wird. Erst, wenn alle Kinder zumindest einmal an der Reihe waren, sagt die Spielleitung:

*Einen großen Sandberg
kann ich sehen!
Lasst uns Hand in Hand
um diesen gehen!*

Die Spielleitung geht gemeinsam mit den Kindern im geschlossenen Kreis um den Sandberg herum.

Hüpfberg

Damit die Kinder den Sand unter ihren Füßen spüren, sollten sie bei diesem Spiel barfuß sein.

Alter: ab 1,5 Jahren
Material: Schaufeln, Schubkarren

Im Sandkasten macht die Spielleitung gemeinsam mit den Kindern einen riesengroßen Sandhaufen. Hierfür verwenden sie die Schubkarren. Mit den Händen oder den Sandschaufeln klopfen sie den Sand immer wieder fest, damit dieser gut auf dem Berg haften bleibt.

Sind alle der Meinung, dass der Berg hoch genug ist, wird er offiziell als Hüpfberg freigegeben, d. h. ein Kind erklimmt den Berg und hüpft nach Herzenslust auf der Spitze. Wer von den anderen möchte, kommt einfach hinzu und macht mit, bis der Berg wieder dem Erdboden gleich gemacht ist.

Begegnung im Tunnel

Alter: ab 2 Jahren
Material: 1 Schaufel, evtl. 1 Augenbinde, 1 Gießkanne, Wasser
Vorbereitung: s. „Entenspuren" (S. 10)

Die Kinder bauen gemeinsam einen großen Sandberg. Dabei klopfen sie mit den Händen den Sand auf der Sandoberfläche fest. Sie graben entweder alleine oder mithilfe der Spielleitung einen Tunnel in den Berg und machen Folgendes: Immer zwei Kinder greifen jeweils in eine Öffnung, berühren sich mit den Fingern und begrüßen sich gegenseitig.

Variante für Kinder ab 3 Jahren

Die Spielleitung verbindet einem Kind die Augen. Das Kind greift mit der Hand in den Tunnel. Ein weiteres Kind stellt sich auf die andere Seite des Tunnels, greift ebenfalls mit der Hand in die Öffnung und begrüßt das Kind. Weiß das Kind, wer ihm gerade im Tunnel die Hand reicht?

Ziel auf den Sandberg!

Alter: ab 2,5 Jahren
Material: kleine Softbälle; evtl. 1 Gießkanne, Wasser
Vorbereitung: s. „Entenspuren" (S. 10)
Die Kinder bauen in der Sandkastenmitte einen riesengroßen Sandberg.

Die Kinder bilden um den Sandberg einen Kreis und zielen der Reihe nach mit ihren Bällen auf den Sandberg. Für jeden Treffer gibt es einen kräftigen Applaus!

Variante für Kinder ab 4,5 Jahren

Die Kinder stehen um den Berg herum und zielen reihum mit ihren Bällen auf den Berg. Bei einem Treffer, gehen alle einen Schritt zurück – der Kreis wird größer, die Wurfrunde geht weiter – bis am Ende kein Kind mehr aus dem Kreis den Berg treffen kann.

Auf die Brücke!

Alter: ab 3 Jahren
Material: 1 Eimer, 1 Stück Baumrinde, 12 kleine Naturmaterialien (z. B. Steine, Blüten, Blätter, Zapfen o. Ä.); evtl. 1 Gießkanne, Wasser
Vorbereitung: Miteinander suchen alle ein Stück Baumrinde und zwölf kleine Naturmaterialien in der nächsten Umgebung.

Die Kinder füllen einen Eimer mit feuchtem Sand, stampfen ihn fest und stürzen den Sand aus dem Eimer auf den Sandkastenrand. Auf diese Weise entsteht der erste Brückenpfeiler. Sie wiederholen den Vorgang ca. 20 cm vom ersten Brückenpfeiler entfernt. Die Spielleitung legt ein Stück Baumrinde auf die beiden Brückenpfeiler, sodass eine Brücke entsteht. Mit der Brücke machen sie nun folgendes Spiel: Die Kinder platzieren der Reihe nach möglichst alle Naturmaterialien auf der Brücke bzw. Baumrinde.

Wird die Gruppe die Aufgabe meistern? Falls nicht, werden in der nächsten Spielrunde nicht mehr ganz so viele Naturmaterialien verwendet.

Murmelbahn

Alter: ab 3 Jahren
Material: 2 Murmeln; evtl. pro Kind 1
Murmel, 1 Gießkanne, Wasser
Vorbereitung: s. „Entenspuren" (S. 10)
Die Kinder machen zwei gleich hohe
Sandhaufen und klopfen den Sand mit
den Händen fest. Sie fahren mit dem Zei-
ge- und Mittelfinger spiralförmig um den
Sandhaufen herum, sodass eine Murmel-
bahn entsteht.

Zwei Kinder stellen sich jeweils vor eine
Murmelbahn und erhalten jeweils eine
Murmel von der Spielleitung.
Auf ein Startzeichen der Spielleitung hin
schicken beide Kinder ihre Murmel auf
die Reise. Welche Murmel schafft die gesamte Strecke bzw. rollt am weitesten?

Variante für Kinder ab 4,5 Jahren
Die Kinder holen sich jeweils eine Murmel und teilen sich in zwei gleich große
Gruppen auf. Jede Gruppe stellt sich vor
eine Murmelbahn. Auf ein Startzeichen
der Spielleitung lassen die Kinder der Reihe nach ihre Murmeln auf der Bahn rollen. Die Gruppe, deren letzte Kugel die
Bahn erfolgreich bewältigt hat, gewinnt
das Spiel.

Gipfelsturm

Alter: ab 3 Jahren
Material: Schubkarren und Sandschaufeln

Die Kinder füllen die Schubkarre mit
Sand und laden den Sand in der Sandkastenmitte ab. Nach vier bis sechs Ladungen
ist der Sandhaufen groß genug. Die Kinder klopfen den Sand ringsum mit den
Händen fest und bauen so einen möglichst hohen, stabilen Sandberg, den sie
für folgendes Spiel verwenden: Die Kinder
stellen sich hintereinander direkt hinter
dem Sandkastenrand auf. Auf ein Zeichen
der Spielleitung hin läuft das erste Kind in
Richtung Sandberg, klettert über den Berg
und läuft auf der anderen Seite so lange

weiter, bis es den gegenüberliegenden Rand erreicht. Jetzt erst ist das nächste Kind an der Reihe. Es muss auch über den Berg und sich auf der gegenüberliegenden Seite hinter das Ausgangskind stellen. Stehen alle Kinder wieder so wie am Anfang, ist das Spiel beendet.

Variante für Kinder ab 4,5 Jahren

Das Spiel verläuft so wie oben beschrieben, jedoch hüpfen die Kinder der Reihe nach in Richtung Sandhaufen über den sie schließlich krabbeln. Dann hüpfen sie einzeln so lange weiter, bis sie den gegenüberliegenden Sandkastenrand erreicht haben.

Körper- und Sandformen

Bei dem folgenden Spiel ist nicht nur Schnelligkeit, sondern auch eine ruhige Hand gefragt.

Alter: ab 3 Jahren
Material: 12–15 kleine Sandformen; evtl. 1 kleines Kissen
Vorbereitung: Die Spielleitung verteilt im Sandkasten jede Menge Sandformen.

Ein beliebiges Kind legt sich mit dem Rücken auf den Sand. Der Kopf kann auf einem Kissen ruhen, die Arme sind etwas angewinkelt und die Beine leicht gespreizt. Die anderen warten am Rand auf ihren Einsatz.
Auf ein Startzeichen springen sie in den Sandkasten, um die Sandformen einzusammeln und schließlich auf dem Körper des Kindes zu platzieren. Wichtig: Das Gesicht des Kindes müssen sie frei lassen. Das Spiel ist aus, sobald alle Sandsachen auf dem Körper des Kindes liegen.

Variante für Kinder ab 4,5 Jahren

Die Kinder füllen ihre Förmchen mit Sand und stürzen sie auf den Körper des liegenden Kindes. Wie viele Sandkuchen sind am Ende heil geblieben?

Schatzsuche im Märchenschloss

Alter: ab 3,5 Jahren
Material: pro Kind 1 Schaufel; 1 Edelstein; evtl. 1 Märchenbuch, kleine Märchenfiguren passend zu dem ausgewählten Märchen; evtl. 1 Gießkanne, Wasser
Vorbereitung: s. „Entenspuren" (S. 10)
Die Kinder bauen mithilfe der Spielleitung ein großes Märchenschloss aus Sand, mit vielen Winkeln, Fenstern, Eingängen, Türmen und Ecken.

Alle Kinder mit Ausnahme von einem drehen sich mit dem Rücken in Richtung Schloss. Das eine Kind versteckt einen Edelstein im Schloss und bittet schließlich alle Kinder sich umzudrehen und den Schatz zu suchen.
Das Kind, das den Edelstein zuerst entdeckt, darf in der nächsten Spielrunde den Edelstein im Schloss verstecken.

Variante für Kinder ab 3 Jahren
Die Kinder sitzen gemütlich um das Märchenschloss herum und lauschen einem Märchen, wie z. B. Dornröschen, das die Spielleitung den Kindern vorliest.
Am Ende erhalten sie die dazu passenden Märchenfiguren, mit denen sie nun im Märchenschloss aus Sand spielen können.

Wasserbrunnen

Alter: ab 3,5 Jahren
Material: pro Kind 1 Sandeimer, Wasser

Die Spielleitung stellt die Eimer gemeinsam mit den Kindern kreisförmig auf den Sand und füllt sie bis zum Rand mit Wasser.
Alle Kinder setzen sich jeweils vor einen Eimer, schöpfen mit den Händen etwas Wasser heraus und benetzen damit den Sand um den Eimer herum. Den feuchten Sand schichten sie so wie einen Mantel um ihren Eimer. Den Vorgang wiederholen sie mehrmals, sodass eine dicke Sandschicht die Eimer umgibt. Auf diese Weise erhält jedes Kind einen Wasserbrunnen, dessen äußere Schicht aus Sand besteht. Am Ende vergleichen die Kinder den Inhalt ihrer Brunnen und sind gespannt, in welchem Brunnen sich noch das meiste Wasser befindet.

Variante für Kinder ab 2 Jahren
Die Spielleitung schichtet den Sand gemeinsam mit den Kindern um einen Eimer bis zur Öffnung herum. Wie viel Wasser wurde gebraucht? Auf jeden Fall füllt die Spielleitung den Brunnen mit Wasser wieder auf!

Turm aus Sandsachen

Alter: ab 4 Jahren
Material: 6–8 verschiedene Sandformen; evtl. 1 Sandeimer

Die Kinder knien sich im Kreis auf den Sand. Sie erhalten sechs bis acht Sandformen, mit denen sie einen möglichst hohen Turm bauen dürfen. Reihum stellen die Kinder die Sandformen aufeinander. Sobald jedoch eine Sandform in den Sandkasten fällt, fängt das Spiel erneut an.
Hinweis: Spielen mehr als sieben Kinder mit, bilden die Kinder Kleingruppen und führen das Spiel wie beschrieben durch.

Variante für Kinder ab 3 Jahren
Zwei bis drei Kinder dürfen gemeinsam einen hohen Turm mit einem Eimer und zwei Sandformen bauen.

Sechs Sandburgen

Alter: ab 4 Jahren
Material: 1 Sandform Burg oder 1 Sandeimer, 1 großer Schaumstoffwürfel; Figuren rund um die Ritterzeit
Vorbereitung: Die Kinder teilen den Sandkasten in zwei Hälften, indem sie als Mittellinie eine Mauer aus Sand als Grenze bauen. Die Spielleitung bildet zwei gleich große Gruppen und weist jeder Gruppe eine Sandkastenhälfte zu.

Ein Kind beginnt das Würfelspiel. Würfelt es eine Eins, darf es im Sandkasten mithilfe der Sandform eine Burg bauen, indem es die Form bis zum Rand mit Sand füllt und auf seine Sandkastenhälfte stürzt. Das Kind übergibt den Würfel irgendeinem Kind aus der anderen Gruppe, das das Spiel auf die gleiche Art fortsetzt. Sollte es jedoch eine höhere Punktzahl als die Eins würfeln, übergibt es den Würfel dem nächsten Kind aus der anderen Gruppe.
Das Spiel ist aus, sobald eine Gruppe sechs Burgen auf seiner Sandkastenhälfte stehen hat.
Am Ende erhalten die Kinder zum Spielen unterschiedliche Figuren wie Pferde, Prinzessinnen und Ritter, die allesamt zur Ritterzeit und somit auch zu den Sandburgen passen.

Schildvulkan

Schildvulkane befinden sich meist am Meeresgrund. Sie sind zum Teil für die Entstehung riesiger Inseln, z. B. Hawaii, verantwortlich.

Alter: ab 4 Jahren
Material: pro Kind evtl. 1 Schaufel oder 1 Spaten
Vorbereitung: Die Kinder bauen in der Sandkastenmitte einen riesengroßen Schildvulkan, der eine weiträumigen Ausdehnung und flache Hangneigung hat.

Ein Kind wird ausgewählt und kniet sich in den Krater bzw. in die Mitte des Vulkans, alle anderen laufen um den Vulkan herum. Ruft das Kind laut: „Der Vulkan bricht aus!", rennt es los, um eines der Kinder, die alle vor dem heißen Lavastrom blitzschnell fliehen, im Sandkasten zu erwischen. Kinder außerhalb des Sandkastens konnten sich retten und können nicht mehr gefangen werden. Wurde jedoch ein Kind erwischt, Kniet es sich in der nächsten Runde in den „Krater".

Variante für Kinder ab 4,5 Jahren
Das Spiel verläuft so wie zuvor beschrieben, jedoch darf das Kind im Krater bestimmen, wie sich die Kinder im Sandkasten fortbewegen müssen, z. B. hüpfend auf einem Bein, auf allen Vieren …

In den Bergen

Alter: ab 4 Jahren
Material: Schaufeln, viele Fahnenpicker in zwei Farben; evtl. 1 Handtrommel
Vorbereitung: Die Kinder gestalten eine große Berglandschaft, indem sie überall im Sandkasten kleinere und größere Pyramiden aus Sand herstellen, deren Oberflächen sie mit den Händen festklopfen. Mit dieser Berglandschaft machen sie folgendes Spiel:

Die Spielleitung teilt die Kinder in zwei gleich große Gruppen ein. Jede Gruppe erhält Fahnenpicker einer Farbe. Auf ein Startsignal hin geht's los.
Blitzschnell müssen beide Gruppen jeweils möglichst viele Berge „erklimmen", indem sie jede freie Bergspitze mit einem Fahnenpicker in ihrer Farbe versehen. Erst wenn auf jeder Bergspitze eine Fahne steckt, zählen beide Gruppen ihre angebrachten Fahnen.
Die Gruppe, welche die meisten Fahnen auf den Bergspitzen anbringen konnte, hat gewonnen!

Variante für Kinder ab 2,5 Jahren

Miteinander bauen die Kinder einen großen Berg aus Sand. Die Kinder setzen sich um den Berg herum. Nacheinander dürfen die Kinder jeweils einen Fahnenpicker in den Berg bis zur Hälfte überall stecken. Danach machen sie Folgendes:

Die Kinder stehen auf. Zum Rhythmus des Trommelspiels tun sie vom Platz aus so, als ob sie auf einen Berg klettern würden. Verstummt die Trommel, sind sie auf der Bergspitze angekommen und lassen sich auf ihren Po fallen. Auf die gleiche Weise geht's dann wieder hinunter ins Tal.

Wie heißt dein Bauwerk?

Alter: ab 4,5 Jahren
Material: evtl. 1 Gießkanne, Wasser
Vorbereitung: s. „Entenspuren" (S. 10)

Die Kinder suchen sich einen Platz im Sandkasten aus und dürfen irgendetwas bauen. Das kann etwas Konkretes oder Abstraktes sein. Am Ende überlegen alle gemeinsam, wie die einzelnen Bauwerke heißen sollen. Erst, wenn alle kleinen und großen BaumeisterInnen mit dem Namen ihres Bauwerkes einverstanden sind, ist das Spiel beendet.

Variante für Kinder ab 2 Jahren

Die Kinder bauen das, was ihnen gefällt. Die Spielleitung fragt die Kinder, ob sie etwas Bestimmtes bauen und versucht das, was vor ihr entsteht, zu erraten. Auf diese Weise kommunizieren die Kinder miteinander und entwickeln weitere Ideen für bereits angefangene oder gar neue Bauwerke.

Sandberg-Staffel

Alter: ab 4,5 Jahren
Material: 1 Tischtennisball, 1 Stoppuhr
oder Uhr mit Sekundenzeiger;
evtl. pro Kind 1 kleiner Softball
Vorbereitung: Die Kinder bauen der
Reihe nach mit genügend Abstand
zueinander ein paar kleine Sandberge.

Ein Kind holt sich einen Tischtennisball
und stellt sich im Sandkasten direkt neben
einer Sandburg auf. Alle übrigen Kinder
stellen sich hinter dem Kind in einer Reihe auf. Erfolgt der Startpfiff durch die
Spielleitung, rollt das Kind im Slalom seinen Ball zwischen den Sandburgen herum. Am Start wieder angekommen, übergibt es seinen Ball dem vordersten Kind
aus der Gruppe und stellt sich hinter die
Schlange. Währenddessen setzt das neue
Kind das Spiel auf die gleiche Art fort, das
erst beendet ist, wenn alle Kinder wieder
so wie am Anfang stehen. In diesem Mo-
ment stoppt die Spielleitung die Zeit, welche die Kinder in der nächsten Spielrunde
mit aller Kraft zu toppen versuchen.

Variante für Kinder ab 2,5 Jahren
Sie rollen der Reihe nach jeweils einen
kleinen Softball entlang der einzelnen
Sandberge. Schafft die Gruppe die Aufgabe, ohne die Bälle unterwegs zu verlieren?

Mount Everest

Alter: ab 4,5 Jahren
Material: 1 Stoppuhr oder Uhr mit
Sekundenzeiger

Die Kinder bilden zwei bis drei gleich
große Gruppen, die sich jeweils einen
Platz im Sandkasten auswählen.
Miteinander sollen die Kinder einen möglichst hohen Sandberg bauen. Auf ein
Startzeichen der Spielleitung hin geht's
los! Alle Gruppen haben genau eine Minute Zeit, um die Aufgabe zu erledigen.
Welche Gruppe wird wohl gleich direkt
neben dem Mount Everest stehen?

Wüsten-Rallye

Alter: ab 4,5 Jahren

Material: Sandformen, kleine Spielzeugfiguren, -autos und -tiere z. B. aus Plastik oder Holz, (Papier -)Taschentücher, kleine Naturmaterialien (z. B. Zapfen, Blüten, kleine Stöcke o. Ä.), 1 Stoppuhr oder Uhr mit Sekundenzeiger

Vorbereitung: Die Kinder bauen gemeinsam eine große Wüstenlandschaft im Sandkasten. Vielleicht stecken sie die Zapfen als Kakteen in den Sand und legen kleine Blüten als Wüstenblumen auf den Sand. Eine Sandform, die mit Wasser gefüllt wird, kann ein Wasserloch darstellen. Zudem können sie auf vier kleine Stöcke, die sie im Quadrat in den Sand stecken, ein Taschentuch ausbreiten, sodass sie ein Zelt zum Übernachten für ihre Spielzeugfiguren haben.

Hinweis: Die Spielleitung greift die Ideen der Kinder auf und gibt Impulse, um die Fantasie und Kreativität anzuregen.

Für die Rallye vereinbaren die Kinder eine Rennstrecke, z. B. ausgehend von einem großem Kaktus bzw. Zapfen bis zu einem möglichst weit entfernten Zelt. Nacheinander fahren sie mit ihrem Spielzeugauto die Strecke ab. Sobald ein Kind den Zielort erreicht hat, stoppt die Spielleitung die Zeit. Wer jedoch unterwegs etwas umwirft, beschädigt o. Ä. erhält zehn Strafsekunden. Wer wird wohl am Ende die Nase vorne haben?

In der Großstadt

Bei dem folgenden Angebot bauen die Kinder nicht nur eine Großstadt, sondern auch zeigen, wie man sich richtig als FußgängerIn verhält.

Alter: ab 4,5 Jahren
Material: Sandschaufeln, jede Menge kleine Naturmaterialien (z. B. Zweige, Stöcke, Zapfen, Kieselsteine, Blüten o. Ä.), kleine Verkehrszeichen zum Aufstellen aus Plastik oder Holz; pro Kind 1 kleines Spielzeugauto und 1 Spielzeugfigur; evtl. 1 Gießkanne, Wasser
Vorbereitung: s. „Entenspuren" (S. 10)

Im Sandkasten soll eine Großstadt aus Sand entstehen. Dafür formen die Kinder z. B. mit dem feuchten Sand eine Mauer und andere Bauwerke. Zweige und Zapfen, die sie in den Sand stecken, können Bäume und Sträucher darstellen. Kleine Kieselsteine eignen sich hervorragend für Straßen und Gehwege oder einfach nur als Gartenzäune, in denen die Blumen bzw. Blüten bewundert werden können. Der Fantasie sind hierbei keine Grenzen gesetzt. Am Schluss verteilen sie die Verkehrsschilder so wie in einer realen Großstadt.

Ist die Großstadt aus Sand fertig, holen sich alle Kinder kleine Spielzeugautos und Spielzeugfiguren, die sich nun in der Großstadt tummeln.

Wissen die Kinder auch, wie man sich als FüßgängerIn richtig im Straßenverkehr verhält? Die Spielleitung nimmt eine Figur und stellt diese auf den Gehweg. Ein Kind aus der Gruppe soll zeigen, wie es mit der Figur die Straße sicher überquert. Es wendet die Figur nach links, rechts und links und vergewissert sich, ob die Fahrbahn frei ist. Dann überquert es auf dem kürzesten und sichersten Weg die Straße. Die anderen Kinder beobachten alles genau und sagen, ob sie mit dem Verhalten dieses Fußgängers einverstanden sind. Danach ist ein anderes Kind an der Reihe, das z. B. zwischen zwei geparkten Autos mit seiner Figur über die Straße gehen muss oder einfach an einer Ampel steht.

Architekturpreis

Wer erhält den Architekturpreis für das schönste Bauwerk? Es bleibt spannend bis zum Schluss!

Alter: ab 4,5 Jahren
Material: jede Menge Edelsteine o. Ä.; evtl. Spielzeugautos, Spielzeugfiguren, Murmeln, 1 Gießkanne, Wasser
Vorbereitung: s. „Entenspuren" (S. 10)

Die Kinder überlegen sich, was sie so alles mit ihren Händen aus Sand bauen können. Das kann z. B. eine Mauer, eine Murmelbahn (s. S. 96) oder gar ein Vulkan (s. S. 100) sein. Sie einigen sich gemeinsam auf ein Bauwerk, das jedes Kind von ihnen im Sandkasten nach eigenen Vorstellungen erbaut.
Sind alle Bauwerke fertig, wählen die Kinder – wieder gemeinsam – das schönste Bauwerk aus. Das betreffende Kind erhält von der Spielleitung als Auszeichnung einen Edelstein. Vor der nächsten Spielrunde reißen die Kinder alle Bauwerke bis auf das mit Auszeichnung wieder ein und bauen etwas anderes.

Je öfter die Kinder das Spiel wiederholen, desto mehr Bauwerke entstehen im Sandkasten, mit denen sie dann ohne Anleitung spielen können. Hierfür teilt die Spielleitung ein paar Spielzeugautos, Spielzeugfiguren und Murmeln aus

Was baue ich?

Alter: ab 4,5 Jahren

Alle Kinder sitzen auf dem Sandkastenrand. Ein Kind begibt sich zur Spielleitung in die Sandkastenmitte, die ihm einen Begriff ins Ohr flüstert. Das kann z. B. Rennbahn oder gar Schneemann sein. Das Kind hört gut zu und baut das, was es gehört hat, nun aus Sand. Die übrigen Kinder rufen laut ihre Vermutungen in die Runde. Sobald jedoch ein Kind die Lösung nennt, tauschen die beiden Kinder ihre Plätze.
Eine neue Spielrunde beginnt, bei der die Spielleitung nun diesem Kind einen neuen Begriff ins Ohr flüstert.

Variante für Kinder ab 3,5 Jahren
Das Kind in der Mitte formt oder baut das, was ihm gerade einfällt.
Die übrigen Kinder rufen laut ihre Vermutungen in die Runde. Sobald das Kind mit einer Antwort einverstanden ist, wechseln die beiden ihre Plätze.
Eine neue Spielrunde beginnt.

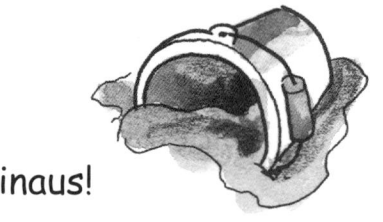

Hoch hinaus!

Alter: ab 4,5 Jahren
Material: 1 Sandeimer o. Ä.

Die Spielleitung platziert auf die Sandkastenmitte einen leeren Eimer. Die Aufgabe der Kinder besteht darin, gemeinsam ein gleich hohes Werk aus Sand neben dem Eimer zu bauen.

Die Kinder müssen nun überlegen, wie sie die Aufgabe am besten meistern. Dabei können z. B. die folgenden Ideen entstehen und in der Praxis umgesetzt werden:
Sie füllen den Eimer mit feuchtem Sand und stürzen ihn dann auf den Sand.
Sie machen einen Sandhaufen, der so hoch wie der leere Eimer ist.
Sie bauen eine Mauer aus Sand, die der Höhe des Eimers entspricht.

Variante

Es werden zwei gleich große Gruppen gebildet. Jede Gruppe erhält einen Eimer und soll aus Sand ein ebenso großes Werk bauen. Es gewinnt die Gruppe, welche die Aufgabe besonders gut und schnell meistert.

Sprengmeisterschaften

Alter: ab 4,5 Jahren
Material: 1 Sandeimer und 1 kleiner Stock; 1 großer Schaumstoffwürfel; evtl. 1 Gießkanne und Wasser
Vorbereitung: s. „Entenspuren" (S. 10)

Die Kinder bilden einen großzügigen Kreis im Sandkasten. Sie füllen den Eimer mit Sand, klopfen ihn fest und stürzen ihn um. Den Vorgang wiederholen sie noch fünfmal direkt neben dem ersten Turm. Mithilfe eines Stocks ritzen sie in jeden der sechs Türme Fenster und Türen ein. Oben auf die Turmplattform drücken sie mit ihren Daumen jeweils eine Würfelpunktzahl von 1 bis 6.

Sind alle Sandtürme fertig, beginnt das Spiel. Ein Kind würfelt. Je nach gewürfelter Punktzahl müssen alle Kinder blitzschnell mit der flachen Hand auf den Turm mit der gleichen Punktzahl patschen, sodass dieser in sich zusammenfällt. Danach ist das Kind, das links neben dem Ausgangskind sitzt, an der Reihe. Würfelt es die gleiche Punktzahl, gibt es den Würfel gleich an sein linkes Nachbarkind weiter. Das Spiel ist aus, sobald alle Türme gesprengt wurden.

Anhang

Register

Die Autorin · Die Illustratorin

Andrea Erkert ist Erzieherin, Entspannungspädagogin und Fachlehrerin einer Grundschulförderklasse in der Nähe von Stuttgart. Seit mehreren Jahren bietet sie praxisnahe Fortbildungen für ErzieherInnen und LehrerInnen u. a. zu den Themen Entspannung, Bewegung, Sand-, Wald- und Wiesenspiele in Kindergärten und Schulen an, sodass die TeilnehmerInnen das gewünschte Thema in ihrer Einrichtung und auf ihrem Außengelände erleben können. Zudem steht sie als Referentin für Elternabende zur Verfügung.

Anfragen für ganz- oder halbtägige Workshops und Elternabende:
Andrea Erkert
Seelacher Weg 79, 71522 Backnang
Deutschland

Oder
817 Columbus Ave
Lehigh Acres, FL 33972, Florida, USA
Tel.: +49 (07191) 908357
Fax: +49 (07191) 908359
andrea.erkert_florida-sun@t-online.de

Anne Wöstheinrich, Dipl. Designerin, geboren in Beckum, studierte Illustration und Grafik-Design an der Fachhochschule Münster. Seit Jahren arbeitet sie als selbstständige Kinder-, Jugend- und Schulbuchillustratorin für verschiedene Verlage.

Weitere Bücher von Andrea Erkert, die im Ökotopia Verlag erschienen sind:

Alle Straßenschilder hüpfen fröhlich in die Höh'

Spiele, Lieder und Aktionen zur Förderung von Wahrnehmungs-, Koordinations- und Reaktionsfähigkeit rund um die Lieder von Volker Rosin, Münster 2010

Dazu der Tonträger von Volker Rosin:

Alle Straßenschilder hüpfen fröhlich in die Höh'

Sicher im Straßenverkehr mit lebendigen und fantasievollen Liedern, Münster 2010

Das Adventsspiele Buch

Die weihnachtliche Zeit spielerisch begleiten, Münster 2008

Das Kreisspiele Buch

Temporeiche und ruhige Spielideen für alle Gelegenheiten, Münster 2007

Das Stuhlkreisspiele Buch

Bewegte und ruhige Spielideen zu jeder Zeit und zwischendurch, Münster 2003

Das Zahlenspiele-Buch

Spiele und Lieder rund um die ersten Zahlen, Formen, Größen, Gewichte, Mengen, Uhr- und Jahreszeiten, Münster 2011

Dazu der Tonträger von Stephan Janetzko:

Zahlenspiel-Lieder

Schwungvolle Zähl- und Rechenlieder zur mathematischen Frühförderung für Kinder von 4–8 Jahren, Münster 2011

Feste feiern & gestalten rund um die Jahresuhr (Mitautorin: Heidi Lindner)

Mit zahlreichen Spielaktionen, Dekorationen, Rezepten und Planungshilfen für das nächste Fest rund um die Lieder von Rolf Zuckowski, Münster 2005

Dazu der Tonträger von Rolf Zuckowski:

Feste feiern rund um die Jahresuhr

Mit 16 Gute-Laune-Liedern für alle Jahreszeiten, Münster 2005

Hurra! Wir spielen draußen,
Münster 2012

Naschkatze & Suppenkasper
Mit Spiel und Spaß essen und trinken – vielfältige Aktionen rund um das Thema Ernährung für Kita, Hort und Grundschule, Münster 2005

Im Stuhlkreis die Adventszeit erleben,
Münster 2011

Inseln der Entspannung
Kinder kommen zur Ruhe mit 77 phantasievollen Entspannungsspielen, Münster 1998

Prinzessin & Piraten
Jede Menge Spielaktionen, Lieder und kunterbunte Verkleidungsideen für viele Gelegenheiten, Münster 2011

Dazu der Tonträger von Michi Vogdt:
Prinzessin & Piraten
Kunterbunte Lieder für Partys, Kostümfeste und einfach zum Spaß haben, Münster 2011

Kinderleichte Ruheerlebnisse
Mit Ruhespielen, Fantasiereisen, Mandalas und Streichelmassagen entspannen und innere Stille finden, Münster 2009

Dazu der Tonträger von Martin Buntrock
Kinderleichte Ruheerlebnisse
Entspannungsmusik zum Stillwerden, Träumen, Fantasieren und Einschlafen, Münster 2009

Streiten, helfen, Freunde sein
Spiele, Lieder und anregende Angebote zur Förderung von Toleranz, emotionaler und sozialer Kompetenz in Kindergarten und Grundschule, Münster 2009

Dazu der Tonträger von Heiner Rusche:
Gewalt ist blöd!
Rockige Lieder für mehr Toleranz und Miteinander, Münster 2009